F&B COST CONTROL For the HOSPITALITY INDUSTRY

호스피탈리티산업 식음료 원가관리론

원철식 저

PREFACE

호스피탈리티 서비스(Hospitality Service)는 고도의 전문성과 기술을 바탕으로 자동화나 기계화에 의존하는 설비 중심적 서비스가 아닌 인적자원에 의한 인적 중심서비스이다. 우리나라의 호스피탈리티 산업은 경제성장에 따른 소득증대로 국내관광은 물론 국제관광도 괄목할 만한 발전을 이룩하였다. 이처럼 경제성장과 관광환경의 변화에 따라우리나라의 호스피탈리티산업은 양적 · 질적으로 성장하여 현재에 이르고 있으며, 시설은 물론 서비스의 질적 수준도 국제적으로 발전하였다. 특히, 소득수준의 향상, 여가시간의 증가, 가치관의 변화로 인간의 관광활동은 더욱 가속화될 것으로 기대되고 있다.

모든 기업의 궁극적인 목적은 가치창출에 있으며, 이러한 가치를 창출하기 위해서는 수익의 극대화와 비용의 절감에 의해서 이익을 창출할 수 있기 때문에 원가관리는 중요한 기업의 과제가 되고 있다. 호스피탈리티 산업도 많은 인건비와 식음료재료를 사용하는 기업이므로 이러한 인건비 및 식음료재료의 관리는 중요하다. 그러므로 호스피탈리티 산업의 원가관리는 기업의 목적을 달성하는데 있어서 중요한 요소이다. 원가관리는 재무보고, 관리통제, 전략수립을 위한 목적으로 사용되고 있으며, 원가요소는 재료비, 노무비, 경비로서 이들의 효율적 관리에 의하여 비용을 절감할 수 있다.

본 교재는 호텔 및 레스토랑의 경영에 있어 원가관리는 시설 및 업장의 경영분석에 중요한 부문이므로, 가장 경제적으로 최대의 만족을 강조하는 다양화되고 개별화된 성숙된 고객의 욕구에 대응한 식음료재료를 중심으로 구매, 검수, 저장, 생산, 판매의 흐름에 따른 합리적이고 구체화된 식음료원가관리, 인건비, 목표이익 실현을 위한 절차와 방법을 학습시키고자 한다. 이러한 학습목표 달성을 위해 호스피탈리티 산업의 개요, 회계의 기초, 원가관리의 기초, 식음료원가관리의 기초, CVP분석, 투자경제성 분석 등을 다루어 기존의 식음료원가관리 서적들과 차별화 하려고 새로운 변화를 반영하여 구성하려고 노력을 하였지만, 많이 부족함을 느낀다. 앞으로 이용자들의 의견을 받아들여 지속적으로 보완·개선해 나가도록 할 것이다. 이 교재가 호텔관광분야에서 식음료원가관리를 공부하는 학생들에게 작으나마 도움이 되기를 바란다.

끝으로 본 교재가 출판되도록 도와주신 석학당의 윤용호 대표님과 출판사 관계 임직원분들에게 깊이 감사드립니다.

2018년 2월

저자 씀

CONTENTS

목 차

STO
RCL
INPUT
DSP
%
+/-
7
8
9
4
5
6
1
2
3

Chapter 1.
호스피탈리티 산업의 정의

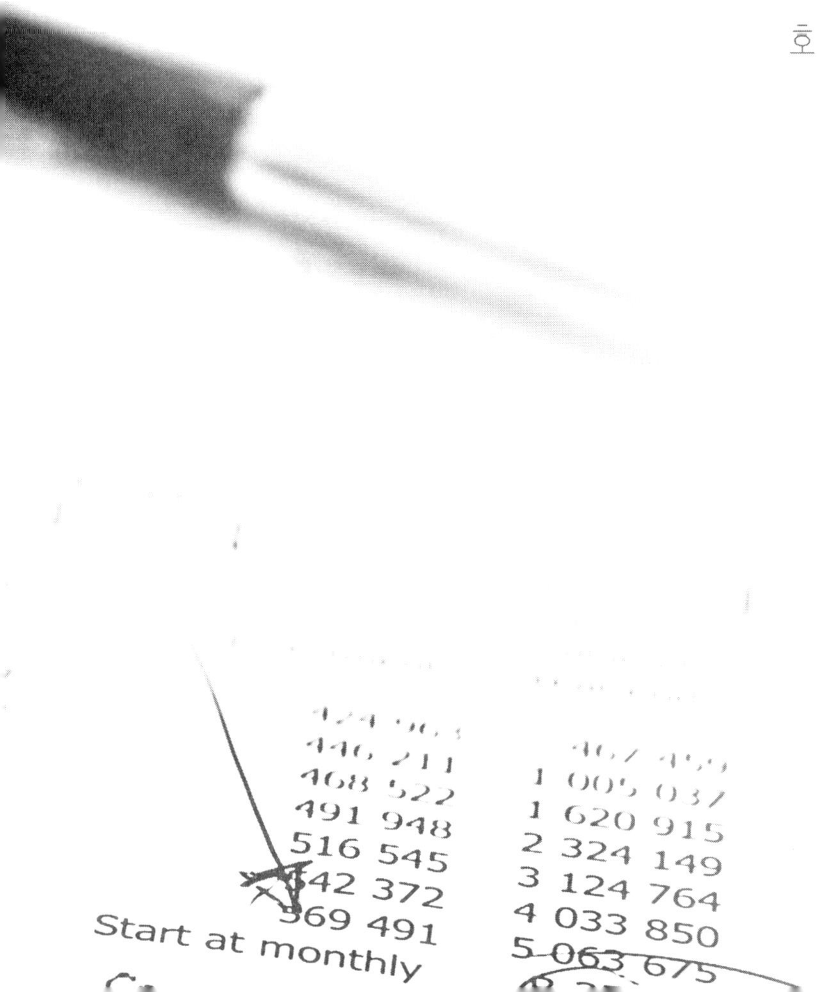

|01| 호스피탈리티 산업의 정의

환대서비스는 고도의 전문성과 기술을 바탕으로 자동화나 기계화에 의존하는 설비중심적 서비스가 아닌 인적자원에 의한 인적 중심 서비스이다. 호스피탈리티라는 말은 고객에게 따뜻하고 융숭한 접대로 가정에서와 같이 편안하게 맞이한다는 뜻이다. 호스피탈리티 산업은 환대산업으로 불리며 일반적으로 관광산업을 의미한다. 호스피탈리티 산업은 나라마다 산업분류체계가 서로 다르기 때문에 국제적으로 통일된 호스피탈리티 산업의 정의나 통계상의 분류체계가 명확하게 정비되어 있지 않다. 다만, 세계관광기구(The Unites Nations World Tourism Organization : UNWTO)나 경제협력개발개구(Organization for Economic Cooperation and Development : OECD) 등에서 관광부문에 관한 정의, 기준, 범위를 설정하여 제시하고 있다.

세계관광기구에서는 관광부문을 관광경제와 관광산업으로 구분하고 있는데, 관광경제는 여행수요로 인한 직 · 간접적 효과로 규정하고 있으며 이중 직접적인 효과만을 산출한 것을 관광산업으로 정의하고 있다. 우리나라 관광진흥법에서는 관광산업(tourism industry)이란 "관광객을 위하여 운송, 숙박, 음식, 운동, 오락, 휴양 또는 용역을 제공하거나 그 밖에 관광에 딸린 시설을 갖추어 이를 이용하게 하는 업" 으로 여행업, 관광숙박업, 관광객이용시설업, 국제회의업, 카지노업, 유원시설업, 관광편의시설업으로 관광사업의 종류를 분류하고 있다.

관광의 기업활동을 관광산업 또는 관광업이라고 하며 이는 서비스업이며 무형의 수출산업이다. 산업분류상 관광산업을 분류하는데 있어 관광산업을 하나의 산업으로 보기 어렵다는 견해와 관광활동을 증진시키기 위해 직접 재화 및 서비스를 제공하기 때문에 하나의 산업으로 인식해야 한다는 상반된 의견이 제시되고 있다. 그러나 다수의 관광대국들의 경우 세계관광시장의 규모가 급성장함에 따라 그 중요성을 인식하여 관광산업을 하나의 산업으로 분류하고 있다.

한편, 관광산업은 사적 관광산업과 공적 관광산업으로 구분할 수 있다. 사적관광산업이란 다양한 관광욕구에 대응하여 관광객에게 직접적으로 재화와 서비스를 제공하는 직접적인 관광사업과 관광객에게 간접적으로 편의를 제공하는 간접 관광사업을 말한다. 또한 공적 관광산업이란 대외적으로 국제친선 및 관계 개선을 위하는 것이며, 대내적으로는 외래관광객 유치를 통한 외화획득과 건전한 국민관광을 도모하는 등 공익을 위한 관광사업을 추진하는 것이다.

02 호스피탈리티 산업의 종류

호스피탈리티 산업은 크게 5개 부분으로 구분되는데 숙박산업(lodging industry), 운송사업(transportation), 식음료사업(food and beverage operation), 쇼핑사업(retail stores), 기타 여행이나 관광에 관련되는 사업이나 각종 행사(activities) 등으로 구성되어 있으며 이들 사업은 여행자들에게 각종 제품과 서비스를 제공한다. 본 교재에서는 호스피탈리티 산업의 종류로 우리나라의 관광법규 분류에 따라 살펴보기로 한다. 관광진흥법에서 관광사업을 여행업, 관광숙박업, 관광객이용시설업, 국제회의업, 카지노업, 유원시설업 및 관광편의시설업으로 나누고 있으며 그 내용을 살펴보면 다음과 같다.

1) 관광숙박업

관광숙박업은 호텔업과 휴양 콘도미니엄업의 2가지로 나누어지며 호텔업은 "관광객의 숙박에 적합한 시설을 갖추어 이를 관광객에게 제공하거나 숙박에 딸리는 음식 · 운동 · 오락 · 휴양 · 공연 또는 연수에 적합한 시설 등을 함께 갖추어 이를 이용하게 하는 업"으로 관광호텔업, 수상관광호텔업, 가족호텔업, 한국전통호텔업, 호스텔업, 소형호텔업, 의료관광호텔업의 7종이 있다. 휴양 콘도미니엄은 "관광객의 숙박과 취사에 적합한 시설을 갖추어 이를 그 시설의 회원이나 공유자, 그 밖의 관광객에게 제공하거나 숙박에 딸리는 음식 · 운동 · 오락 · 휴양 · 공연 또는 연수에 적합한 시설 등을 함께 갖추어 이를 이용하게 하는 업" 으로 규정하고 있다.

2) 여행업

"여행자 또는 운송시설 · 숙박시설 · 그 밖에 여행에 딸리는 시설의 경영자등을 위하여 그 시설 이용 알선이나 계약체결의 대리, 여행에 관한 안내, 그 밖의 여행 편의를 제공하는 업" 으로 일반여행업, 국외여행업, 국내여행업의 3종이 있다.

3) 관광객이용시설업

"관광객을 위하여 음식 · 운동 · 오락 · 휴양 · 문화 · 예술 또는 레저 등에 적합한 시설을 갖추어 이를 관광객에게 이용하게 하는 업" 이나 "대통령령으로 정하는 2종 이상의 시설과 관광숙박업의 시설 등을 함께 갖추어 이를 회원이나그 밖의 관광객에게 이용하게 하는 업" 으로 전문휴양업, 종합휴양업(제1종, 제2종), 야영장업(일반야영장업, 자동차야영장업), 관광유람선업(일반관광유람선업, 크루즈업), 관광공연장업, 외국인관광 도시민박업의 6종이 있다.

4) 국제회의업

"대규모 관광수요를 유발하는 국제회의(세미나 · 토론회 · 전시회 등을 포함)를 개최할 수 있는 시설을 설치 · 운영하거나 국제회의의 계획 · 준비 · 진행 등의 업무를 위탁받아 대행하는 업" 으로 국제회의시설업과 국제회의기획업의 2종이 있다. 국제회의시설업은 대규모 관광수요를 유발하는 국제회의를 개최할 수있는 시설을 설치 · 운영하는 업이며 국제회의기획업은 대규모 관광수요를 유발하는 국제회의의 계획 · 준비 · 진행 등의 업무를 위탁받아 대행하는 업이다.

5) 카지노업

1994년 8월 3일 관광진흥법 개정안에 의하여 관광산업으로 전환되어 신설된 카지노업은 "전문 영업장을 갖추고 주사위 · 트럼프 · 슬롯머신 등 특정한 기구 등을 이용하여 우연의 결과에 따라 특정인에게 재산상의 이익을 주고 다른 참가자에게 손실을 주는 행위 등을 하는 업" 을 말한다.

6) 유원시설업

"유기시설(遊技施設)이나 유기기구(遊技機具)를 갖추어 이를 관광객에게 이용하게 하는 업" 으로 종합유원시설업, 일반유원시설업, 기타유원시설업의 3종이 있다.

7) 관광편의시설업

종전의 관광지정시설업이 변경된 것으로 "관광진흥법 제1호부터 제6호까지의 규정에 따른 관광사업 외에 관광 진흥에 이바지할 수 있다고 인정되는 사업이나 시설 등을 운영하는 업" 으로 관광유흥음식점업, 외국인전용유흥음식점업, 관광식당업, 관광순환버스업, 관광사진업, 관광극장유흥업, 여객자동차터미널시설업, 관광펜션업, 관광궤도업, 한옥체험업, 관광면세업의 11종으로 구분되어 있다.

위의 관광진흥법상의 분류는 관광산업을 민간업체 중심으로만 분류하였을 뿐만 아니라 항공업체를 관광산업으로 보지 않는 문제점이 있다. 따라서 보다 포괄적으로 관광산업을 살펴보면 다음의 3가지 구성 요소로 크게 나누어 설명할 수 있다.

(1) 직접공급부문(direct providers)

항공사, 호텔, 운송업, 여행사, 음식업, 기념품점 등이 이 부문에 속한다. 이 부문의 사업체는 오로지 여행자들만을 위해 존재하는 것이 아니지만 그들이 공급 · 생산하는 제품이나 용역을 여행자들이 직접 사용한다는 점에서 직접공급 부문이라고 한다.

(2) 서비스보조부문(support services)

위에서 언급한 직접공급부문을 보조하는 기능을 맡은 분야로 여행전문잡지, 음식재료공급자, 전문경영대행회사, 관광연구기관 등이 있다.

(3) 관광개발기관부문(developmental organizations)

관광계획을 수립 및 집행하는 자, 정부기관, 개발업자, 교육 및 훈련기관 등을 말한다.

관광산업은 수많은 부문으로 이루어진 산업으로 각 부문들은 독자적으로 관광산업 전체에 기여할 뿐만 아니라 상호 연계를 갖고 서로 의존하여 그들의 목적인 이윤증대를 달성할 수 있다.

|03| 우리나라 호스피탈리티 산업 현황

우리나라의 2015년 12월 31일 기준 여행업은 14,810개, 관광호텔업 907개, 가족호텔업 121개, 휴양콘도미니엄업 209개, 관광객이용시설업 1,144개(전문휴양업 78개, 종합휴양업 21개, 야영장업 1,002개, 관광유람선업 36개, 관광공연장업 7개), 국제회의업 680개, 카지노업 17개, 유원시설업 894개, 관광편의시설업 4,722개의 사업체를 가지고 있다. 우리나라의 호스피탈리티 산업의 외래관광객 및 관광수입에 관한 국내관광동향은 경제성장에 따른 소득증대로 국내관광은 물론 국제관광도 괄목할 만한 발전을 이룩하였다. 관광부문 중 국제관광을 중심으로 살펴보면 우리나라를 방문한 외래관광객은 1988년 올림픽을 계기로 200만 명을 넘어선 이래 지속적으로 증가하여 1991년에 300만 명, 1998년에 400만 명, 2000년에는 500만 명, 2005년에는 600만 명, 2009년에는 700만 명, 2012년에는 1,114만명, 2016년에는 1,724만명에 달하고 있어 곧 2,000만 명 외래관광객 시대가 도래하게 되었다. 그리고 내국인의 해외여행은 1989년 해외여행자유화가 시행되면서 처음으로 100만 명을 돌파하였고, 이후 급속히 증가하여 1996년과 1997년에는 400만 명을 넘어

섰다. 1998년 내국인의 해외여행은 우리 경제의 외환위기 여파로 약 300만 명 수준으로 격감하였으나 1999년부터 다시 증가하기 시작하여 2000년에는 500만 명, 2005년에는 1,000만 명, 2010년에는 1,249만 명, 2015년에는 약 1,931만 명에 달하고 있다.

외래관광객에 의한 우리나라의 관광수입은 1985년 이전까지는 10억 달러(U$)미만이었으나 1986년에는 15억 달러를 기록하였다. 이후 우리나라의 외래관광수입은 크게 증가하여 1995년 이후 50억 달러대를 유지하였으며, 2010년 100억 달러를 넘어섰으며, 2015년도는 약 152억 달러에 이르고 있다. 한편 우리나라의 해외관광지출은 해외여행자유화 조치로 인해 1989년 이후 급속히 늘어났는데, 1988~97년 기간 중 해외관광지출액의 연평균 증가율이 28.96%로 크게 증가하였다. 2015년도의 해외관광지출액은 약 212억 달러에 달한다. 또한 1991~97년 기간 중(1993년 제외)에는 관광수지 적자폭이 크게 확대되었으며, 특히 1996~97년에는 각각 10억 달러대의 관광수지 적자를 기록하였다. 이러한 와중에 1997년 말 우리 경제가 외환위기를 맞으면서 관광수지 적자문제가 부각되기 시작하였으나, 1998~2000년의 관광수지는 관광수입 증대 노력에 힘입어 각각 42억 달러, 28억 달러, 6억 달러의 흑자를 기록하였다. 그러나 2001년 이후에는 다시 내국민의 해외여행으로 인한 관광지출이 늘어남에 따라 2007년도에는 약 108억 달러의 최고 적자를 기록하였으며, 이후 감소추세를 나타내 2015년도는 60억 달러의 적자를 기록했다. 출입국자의 장기적인 추세를 보면, 우리나라를 방문하는 외래객은 80년대 후반에는 두 자리수의 높은 성장률을 보였으나 90년대에는 연평균 5.6%의 성장을 보인 반면, 90년대 내국인의 해외여행은 연평균 15.6%나 성장함으로써 해외여행이 빠른 증가세를 보이고 있다. 특히 우리 경제가 회복세를 보인 1999년의 경우 내국인의 해외여행이 전년도에 비해 무려 41.6%나 늘어남으로써 급증세를 보였다. 그러나 꾸준히 늘어나던 내국인의 출국자수가 2008년과 2009년도에는 각각 10%와 20% 감소했으며, 2011년도는 1.6% 증가에 그쳤으나, 2015년도는 다시 20% 증가 추세를 보였다.

한편 우리나라의 외래객 입국자수와 관광수입을 비교해 보면, 2000년의 경우 입국자수는 전년 대비 14.2% 증가하였으나 관광수입은 오히려 2.8% 감소해 개별 입국자의 소비액이 줄어들고 있다는 사실을 확인할 수 있다.

방한 외래객의 1인당 평균소비액은 1996년의 1,477달러 이후 지속적으로 감소하고 있으며, 2011년도는 1,250달러로 1988년의 1,395달러보다도 낮은 소비액을 보이고 있어 방한 외래객의 소비를 유도하고 촉진시키는 방안을 강구할 필요가 있음을 시사하고 있다.

표 1-1. 국내관광동향 (단위 : 백만달러, 만명, %)

구 분	2011년	2012년	2013년	2014년	2015년
외래관광객	979(11.3%)	1,114(13.7%)	1,217(9.3%)	1,420(16.6%)	1,323(-6.8%)
국민해외여행객	1,269(1.6%)	1,374(8.2%)	1,485(8.1%)	1,608(8.3%)	1,932(20.1%)
관광수입	12,347(20.0%)	13,357(8.2%)	14,525(8.7%)	17,712(21.9%)	15,177(-14.3%)
관광지출	15,531(8.8%)	16,495(6.2%)	17,341(5.1%)	19,470(12.3%)	21,272(9.3%)
관광수지	-3,184	-3,138	-2,816	-1,758	-6,095

자료: 2015년 기준 관광동향에 관한 연차보고서, ( )안은 성장률

STO
RCL
DSP
INPUT

Chapter 2.
회계의 기초

|01| 회계의 의의

본래 회계(accounting)란 용어는 우리말로 '셈' 을 뜻한다. 따라서 회계란 '셈한다' 또는 '계산한다' 는 말로 나타낼 수 있다. 이때 셈의 대상, 즉 회계의 대상은 회계주체(기업)의 경제적 활동으로 통상 재무적 사건 또는 거래를 말한다.

따라서 전통적인 회계의 의의는 '기업의 경제적 활동을 화폐단위에 의하여 기록 · 분류 · 요약하여 그 결과를 일정한 형식(예 : 손익계산서와 재무상태표 등 재무제표)으로 보고하는 기술' 로 파악되고 있다.

그러나 회계에 대한 보다 현대적인 정의는 1966년 미국회계학회가 발표한 '기초적 회계이론에 관한 보고서(A Statement of Basic Accounting Theory : ASOBAT)' 에서 회계를 '정보이용자가 합리적 판단이나 경제적 의사결정을 하는데 필요한 경제적 정보를 식별 · 측정 · 전달하는 과정' 으로 정의한 것이다. 즉 회계를 정보이용자(information users)들에게 기업의 재무 상태와 변화 등에 대한 정보를 제공하여 의사결 정의 유용성을 제고시키는 정보시스템(information system)으로 파악하는 것이다. 따라서 관광산업회계의 의의도 회계의 의의와 다를 바 없으며 다만 회계주체를 관광산업으로 한정한 회계영역일 뿐이다. 그러므로 관광산업회계는 다수의 이해관계자에게 관광산업의 재무정보제공을 통하여 의사결정의 질을 높이고자 하는 정보의 유용성을 그 목적으로 한다.

회계시스템 | 02 |

전통적으로 회계를 기업의 언어(language of business)라고 한다. 즉 회계는 기업의 정보에 대한 의사소통(communication)의 수단이다. 회계를 회계주체(기업)의 경제적 사건에 따른 재무정보를 식별 · 측정 · 기록 · 분류 · 요약 및 전달하는 정보시스템으로 파악하는 경우 이는 그림 2-1과 같이 나타낼 수 있다.

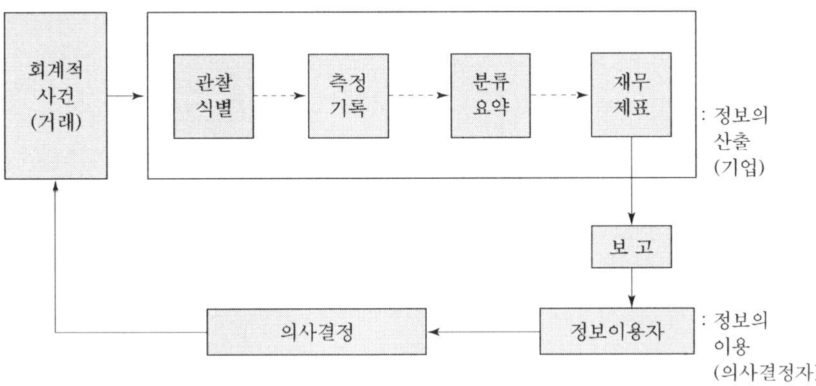

그림 2-1. 회계시스템

따라서 기업의 회계담당자는 회계정보이용자가 의사결정에 필요로 하는 회계정보가 어떤 것인가를 파악하고, 경제적 사건이 기업의 경제적 상태에 미치는 변화 및 영향의 크기를 측정한 후 이를 정보이용자가 이용할 수 있는 회계보고서(예 : 재무제표)에 담아 제공하게 된다. 즉 회계시스템은 회계정보의 산출과 전달을 통하여 정보이용자들의 합리적 의사결정에 기여하도록 한다.

정보이용자가 투자대상이 되는 대체안을 선택할 때 각 대체안에 대한 보상(return)과 위험(risk)을 예측 · 비교함으로써 최대의 보상을 얻을 수 있는 대체안을 선택하도록 도움을 주는 것이 바로 회계시스템이다.

|03| 회계정보이용자

기업을 둘러싸고 있는 이해자 집단이 증가하면서 회계정보에 대한 욕구도 점차 증대되고 있다. 따라서 기업은 다양한 정보이용자(information users)들의 정보 욕구를 충족시킬 수 있도록 기업의 재무상태와 경영성과에 관한 정보를 보다 많이 이해하기 쉽게 전달하여야 한다.

회계시스템에 의하여 제공되는 정보는 회계정보이용자에게 유용하며 관련성이 있어야 한다. 회계정보이용자는 크게 내부정보이용자와 외부정보이용자로구분한다.

1) 내부정보이용자

회계정보의 내부정보이용자는 기업의 경영활동에 대하여 책임을 지는 관리자 또는 경영자이다. 내부정보이용자는 자신의 부(wealth)의 증대가 아니라 기업 자체의 부를 증대시키기 위하여 의사결정을 한다. 즉 기업의 경영자들은 기업의 목표를 수립하고, 경영활동을 평가하며, 적절한 통제활동을 수행하기 위하여 회계정보를 이용한다. 내부정보이용자를 위한 회계영역은 관리회계이다.

2) 외부정보이용자

외부정보이용자는 기업의 경영결과에 직접적인 관심을 갖는 외부인으로 주주 · 채권자 · 종업원 · 정부 · 고객 · 지역사회 · 기타 사회단체 등이다. 외부정보이용자는 불특정 다수로서 기업이 제공하는 회계정보를 이용하여 자기 자신의부를 보다 증대시키기 위한 의사결정을 한다. 외부정보이용자는 기업의 회계책임대상이 되는 모든 이해관계자집단을 포함한다. 이에 따라 기업에 직접적인 이해관계를 갖지 않는 언론기관, 한국관광호텔업협회 등의 경제단체, 재무분석가, 증권선물거래소, 학자 등도 기업의 회계보고서에 관심을 갖고 있다. 외부정보이용자를 위한 회계영역을 재무회계라고 하며 그들의 의사결정과정에서 필요정보를 설명하면 다음과 같다.

(1) 투자자

투자자는 특정기업의 주식이나 사채를 보유하고 있는 현재투자자와 미래에 그런 증권을 구입할 가능성이 있는 잠재투자자를 포함한다. 투자자는 보유하고 있는 특정기업의 주식이나 사채를 팔 것인가의 여부를 결정하기 위하여 그 기업이 만족할 만큼 잘 운영되고 있는가를 판단한다. 또한 특정 기업의 주식 등을 구입하여 소유주가 될 것을 고려하는 경우에도 회계정보를 이용한다. 즉 투자자들은 다수 기업을 대상으로 경영자의 자원 활용이나 수탁책임의 이행성노를 평가하여 수익률이 높은 기업의 주식, 사채 등에 투자하고자 한다.

(2) 채권자

금융기관, 식음재료 및 물품의 납품업자들도 역시 호텔에 대한 신용의 제공여부 및 신용기간의 연장 등과 관련하여 발생될 위험의 평가에 회계정보를 이용한다. 즉 기업의 채무상환능력 판단에 있어 회계정보는 중요하다.

(3) 정부

정부는 기업활동에 따른 이익에 대한 세금의 부과, 호텔서비스의 가격통제, 호텔산업의 육성을 위한 정책수립 및 기타 영업활동 등에 대한 적절한 통제를 위하여 회계정보를 이용한다.

(4) 종업원

종업원들은 높은 성과의 달성 및 달성된 성과의 적정한 배분을 위하여 회계정보를 이용한다. 특히 노동조합은 성과의 배분 · 고용의 안정 · 근무환경의 개선 · 종업원의 교육훈련 · 복지시설의 확충 등을 위한 단체협약 및 임금협상을 위하여 회계정보를 이용한다.

(5) 소비자

근래에 들어 기업의 서비스 및 상품으로 인한 피해의 예방 및 보상을 통하여 소비자의 권리를 찾으려는 각종 소비자단체가 형성되고 있다. 이들은 적절한가격 및 품질수준의 유지 등을 위하여 회계정보를 이용한다.

(6) 지역사회

지역사회단체 및 지역주민들도 위락시설의 조성 · 공해와 환경오염의 방지 · 지역사회개발 · 인근주민의 고용확대 · 자연훼손 등 지역사회의 이익추구를 위한 활동을 위하여 회계정보를 활용한다.

04 회계의 분류

회계는 그림 2-2와 같이 회계실체(또는 회계주체)가 영리를 목적으로 하는 기업인가의 여부에 따라 영리회계와 비영리회계로 구분할 수 있다.

비영리회계(non-profit organization accounting)는 정부 · 각종 기금 · 학교 등의 비영리단체, 즉 영리를 목적으로 하지 않는 조직에 대한 회계문제를 다루는 영역이며 영리추구를 목적으로 하는 기업회계(accounting for business enterprise)는 회계정보이용자에 따라 재무회계와 관리회계로 구분한다.

재무회계(financial accounting)는 기업외부의 이해관계자들에게 기업의 경영성과나 재무상태를 보고하기 위한 재무제표의 작성 · 전달을 주된 목적으로 하는 분야이다. 반면에 관리회계(managerial accounting)는 기업자체의 부를 증대시키고자 의사 결정을 하는 기업의 경영자들에게 경영관리를 위하여 필요한 회계정보의 산출 · 제공을 주된 목적으로 하는 분야이다.

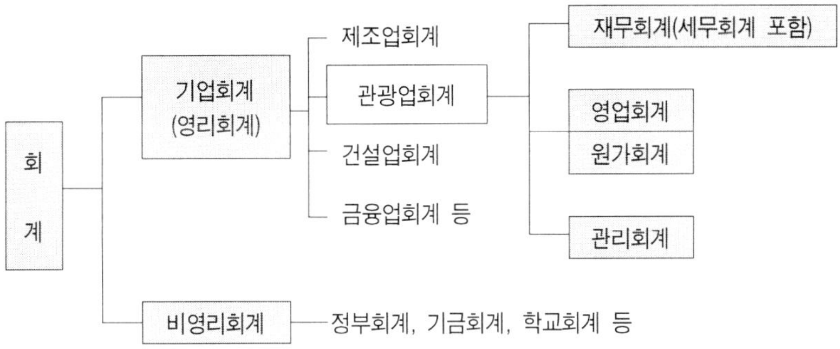

그림 2-2. 일반적인 회계의 분류

한편 재무회계와 관리회계를 연결시켜 주는 분야로 원가회계가 있다. 원가회계(cost accounting)는 원재료를 이용하여 재화나 서비스를 생산함에 소요되는 원가계산을 주된 목적으로 하는 회계영역이다. 특별히 호텔기업의 경우에는 많은 영업부문과 매일 매시간 지속적인 용역 및 상품판매가 이루어지므로 개별영업부문별 활동을 매일매일 종합하는 영업회계(operation accounting)를 별도의 분야로 구분할 수 있다.

또한 재무회계분야 중 정부(세무당국)를 위한 세무회계분야가 있다. 세무회계(tax accounting)는 기업의 소득에 대하여 법인세를 과세하게 되는 바 법인세과세표준과 이에 따라 부담할 세금을 산정하기 위한 회계분야이다. 세무회계는 재무회계가 제공한 회계정보를 기준으로 하여 세법상 세무조정의 절차를 거쳐 과세표준과 부담할 세액을 계산한다.

|05| 회계의 이론적 구조

회계의 구조(framework of accounting)는 회계의 전체 구조를 하나의 시스템으로 파악하고 일관된 논리 체계를 형성하는 구조적 틀을 말한다. 회계의 이론적 구조는 회계목적을 달성할 수 있도록 이론 체계를 구체화하는 모형이며, 회계의 틀이라고도 한다. 회계의 이론적 구조는 회계목적을 달성하기 위하여 다양한 요소들, 즉 회계목적 · 회계공준 · 회계주체 · 회계정보의 질적 특성 · 회계개념 · 회계원칙 · 회계관습 · 회계절차 · 회계실무 등으로 구성되며 일반적인 모형은 그림 2-3과 같다.

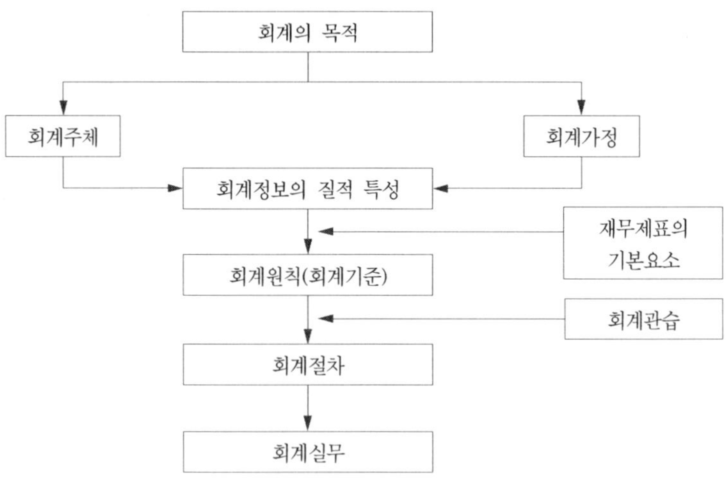

그림 2-3. 회계의 이론적 구조

1) 회계목적

회계의 목적은 정보이용자가 경제적 의사결정을 하는데 있어 유용한 정보를 제공하기 위한 것으로 그 구체적인 내용을 미국회계학회의 기초적 회계이론에 관한 보고서(A Statement of Basic Accounting Theory : ASOBAT)와 미국재무회계기준 심의회(Financial Accounting Standards Board : FASB)의 재무회계 개념보고서(Statement of Financial Accounting Concepts : SFAC)에서 살펴보면 다음과 같다.

미국회계학회의 기초적 회계이론에 관한 보고서(A Statement of Basic Accounting Theory : ASOBAT)에서는 회계의 목적을 첫째는 한정된 자원의 사용을 위한 의사 결정, 둘째는 기업의 인적 · 물적 자원의 효과적 지휘와 통제, 셋째는 자원의 유지와 보고, 넷째는 사회적 기능의 통제와 촉진을 위한 것으로 정의하고 있다.

반면 미국재무회계기준 심의회(Financial Accounting Standards Board : FASB)의 재무회계 개념 보고서(Statement of Financial Accounting Concepts : SFAC)에서는 회계의 목적을 첫째는 투자 및 신용결정에 유용한 정보의 제공, 둘째는 현금흐름전망을 평가하는데 유용한 정보의 제공, 셋째는 기업의 자원, 채무 및 소유주지분에 관한 정보의 제공을 그 목적으로 한다고 언급하고 있다.

회계의 목적을 한마디로 요약한다면 '자원의 최적배분(optimal allocation of resources)' 을 위한 것이라고 말할 수 있다. 회계는 정보이용자들의 각종 의사결정에 유용한 정보를 측정하여 제공함으로써 개인 · 기업 · 단체 · 국가 등이 소유자원의 최적 분배활동을 수행할 수 있도록 한다. 그러므로 회계는 단순한 재무적 정보의 기록활동인 부기(bookkeeping)뿐만 아니라 보다 광범위한 정보의 산출, 해석, 이용을 포함하는 넓은 개념이다.

2) 회계주체

회계주체는 회계행위의 실천주체 또는 회계행위에 대한 실질적인 행위자를 말한다. 일반적으로 회계주체는 기업실체(business entity), 즉 기업자신(business itself)을 말한다. 회계주체이론은 기업실체이론과 자본주 이론이 가장 대표적이며, 이외에 대리인이론(agency theory), 기업체이론(enterprise theory), 자금이론(fund theory), 관리자이론(commander theory) 등이 있다.

기업실체이론(business entity theory)은 기업의 모든 이해관계자(예 : 주주, 경영자, 종업원, 채권자 등)로부터 분리되어 독립한 기업 그 자체를 회계의 주체로 보는 견해이다. 즉 회계의 주체는 의인화되어 권리 · 의무를 행할 수 있는 독립적인 기업이다. 반면에 자본주 이론(proprietorship theory)은 기업은 자본주(주주)의 사유물이기 때문에 회계주체도 자본주로 보고, 모든 회계처리를 자본주 입장에서 행하는 견해이다.

3) 회계가정

재무제표는 일정한 가정 하에 작성된다. 회계가정(accounting postulates)은 회계이론을 연역적으로 설명하기 위한 기본적 가정(basic assumption)이며, 회계공준이라고도 한다. 회계가정으로는 기업실체의 가정, 계속기업의 가정, 회계기간의 가정, 화폐단위 측정의 가정 등을 들 수 있다.

(1) 기업실체의 가정

기업실체의 가정(postulate of business entity)이란 기업은 기업의 소유주, 경영자 또는 종업원과는 별도로 기업 그 자체가 독립적으로 존재한다는 가정이다. 따라서 기업이 수행하는 경제활동의 기록 · 계산 · 보고 등의 회계업무는 소유주나 종업원의 업무가 아니라 기업 그 자체가 수행하는 업무라는 것이다. 기업을 이와 같이 인식할 때 건물 · 설비 · 비품 등의 자산은 주주나 출자자의 소유가 되지 않고 기업의 자산이 되며, 자본도 기업의 자본이 되는 것이지 출자자나 주주의 자본이 되는 것은 아니다.

예를 들면, 호텔소유주가 소유하고 있는 개인 토지는 호텔조직의 자산에 포함되어서는 안 되는 것이다. 뿐만 아니라 기업의 부채도 소유주의 부채와 별개로 보고되어야 한다. 즉, 기업의 자산, 부채, 자본 그리고 기업의 거래만이 회계 기록되고, 소유주의 개인적인 자산, 부채, 비용 등은 회계로 기록되어서는 아니 된다.

(2) 계속기업의 가정

계속기업의 가정(postulate of going concern)이란 회계실체(기업)는 목적과 의무를 이행하기에 충분할 정도로 장기간 존속한다고 가정하는 것이다. 즉 기업실체(기업)는 그 경영활동을 청산하거나 중대하게 축소시킬 의도가 없을 뿐만 아니라 그러한 필요성도 없다고 가정한다. 그러나 이 가정은 기업이 영구적으로 영업활동을 수행할 것이라는 의미는 아니며 의도된 활동, 계약 및 매매계약 등을 수행하기에 충분한 기간 동안 안정성과 계속성이 보장된다는 전제이다.

기업을 계속기업으로 파악할 때 기업의 존속기간을 인위적으로 구분하여 회계기록을 마감하고, 일정기간의 경영성과와 일정시점의 재무상태를 파악하여 기업의 이해관계자에게 보고하게 된다. 이와 같은 정기적 회계보고의 필요성 때문에 회계기간의 관습이 발달하여 제도로서 확립되었다. 즉 계속기업의 가정으로부터 회계기간 개념이 정립된 것이다.

(3) 회계기간의 가정

회계기간의 가정(postulate of accounting periods)이란 기업의 존손기간을 인위적으로 구분하여 회계기간을 설정하고 그 설정한 기간에 따라 회계측정과 보고를 행하는 것으로 기간별보고의 가정이라고도 한다. 인위적인 회계기간은 정상영업순환주기(normal operating cycle)가 1년 이상인 경우에는 1년 이상의 기간을 채택할 수도 있으나, 대부분 1년을 기준으로 하고 있다.

그러므로 회계담당자는 계속되는 기업의 영업활동을 인위적인 기간으로 구분하는 셈이 되므로 기업의 거래 또는 사건을 특정 회계기간으로 귀속시키는데 있어 적합성을 고려해야 한다.

(4) 화폐단위 측정의 가정

화폐단위 측정의 가정(postulate of monetary measurement)이란 기업실체의 경제활동에서 발생하는 거래나 경제적 사건을 화폐단위를 사용하여 측정 · 보고하는 것을 말한다. 이는 기업실체의 경영활동에서 발생하는 수많은 거래나 사건을 의미 있는 정보로 측정 · 보고하기 위해서는 공통적인 척도가 필요한데 명목화폐단위를 이러한 공통기준으로 사용한다는 것이다. 화폐단위측정의 전제는 시간의 경과에도 불구하고 화폐가치가 비교적 안정적인 것으로 가정한다.

그러나 극도의 인플레이션이나 기타 사유로 인해 명목화폐단위의 사용이 재무정보의 왜곡을 가져오고 나아가 정보이용자의 의사결정을 크게 오도할 가능성이 있다면 보다 적정한 다른 기준을 고려할 수 있다.

4) 회계정보의 질적 특성

회계정보의 질적 특성(qualitative characteristics of accounting information)은 정보이용자들의 의사결정에 유용한 정보가 되기 위하여 회계정보가 갖추어야 할 속성(attributes)을 말한다. 이는 회계정보기준(accounting information criteria) 또는 회계의 질적 기준(accounting quality criteria)이라고도 한다. 회계정보의 질적 특성은 계층적 구조를 이루며 다양한 내용을 포함하는데 이를 상세히 설명하면 다음과 같다.

(1) 목적적합성

정보가 유용하기 위해서는 이용자의 의사결정에 목적적합하여야 한다. 목적 적합한 정보란 의사결정 시점에서 과거 및 현재 사건의 평가 또는 미래 사건의 결과예측에 도움을 주거나, 과거의 평가를 확인 또는 수정함으로써 이용자의 경제적 의사결정에 영향을 미치는 정보를 말한다. 어떤 정보가 목적적합하기 위해서는 예측가치와 피드백가치 중에서 하나 이상을 충족하고 정보의 적시성이 있어야 한다.

① 예측가치와 피드백가치

목적적합한 정보는 미래에 대한 예측능력을 제고시켜 정보이용자의 의사결정에 영향을 미칠 수 있는 예측가치(predictive value)나 과거의 기대치를 확인 또는 수정함으로써 정보이용자의 의사결정에 영향을 미칠 수 있는 피드백가치(feedback value)가 있어야 하는데, 이러한 정보의 예측가치와 피드백가치는 상호 관련이 있다. 보통 회계정보는 예측가치와 피드백가치를 동시에 가지고 있는데 예를 들면 기업은 중간보고서(interim report)를 통해 연도 말에 나타날 이익을 예측할 수 있을 뿐만 아니라 동시에 그때까지 이미 나타난 결과치를 피드백하여 종전의 기대치와 비교하여 차이가 있을 시는 수정할 수 있다.

② 적시성

목적적합한 정보는 정보의 적시성(timeliness)을 전제로 한다. 즉 의사결정시점에서 필요한 정보가 제공되지 않는다면 동 정보는 의사결정에 이용될 수 없고 따라서 목적적합성을 상실한다. 이는 적시성 그 자체가 정보를 목적적합하게 하는 것은 아니지만 적시성 없이는 목적적합성을 논할 수 없음을 의미한다.

그러나 적시성있는 정보를 제공하기 위해서는 신뢰성을 희생해야 하는 경우가 있으므로 경영자는 정보의 적시성과 신뢰성간의 균형을 고려하여야 한다. 예를들어 정보를 적시에 제공하기 위해서는 거래나 사건의 모든 내용이 확정되기 전에 보고해야 할 필요가 있다. 이 경우 정보의 목적적합성은 향상되나 신뢰성은 저하된다. 반대로 모든 내용이 확정될 때까지 보고가 지연될 경우 정보의 신뢰성은 제고될 수 있으나 그 보고시점 이전에 의사결정을 해야 하는 이용자에게는 이미 목적적합성을 상실하여 유용하지 않은 정보가 될 것이다. 따라서 목적적합성과 신뢰성간의 선택은 이용자의 경제적 의사결정 요구를 최대한 충족시킬 수 있는 방향으로 이루어져야 한다.

(2) 신뢰성

정보가 유용하기 위해서는 신뢰할 수 있어야 한다. 신뢰성(reliability)있는 정보란 그 정보에 중대한 오류나 편의가 없고 객관적으로 검증가능하며 그 나타내고자 하는 바를 충실하게 표현하고 있다고 이용자가 믿을 수 있는 정보를 의미한다. 회계 정보가 신뢰성이 있기 위해서는 객관적인 자료와 증거에 의하여 공정하게 처리되어야 한다.

어떤 정보가 이용목적에 적합한 것일지라도 그것이 믿을 수 없으며 또한 신뢰할 수 없을 때는 목적하는 바의 의사결정을 할 수 없게 된다. 정보가 믿을 수 있는 것이 되기 위해서는 표현의 충실성, 중립성, 검증가능성을 가져야 한다.

① 표현의 충실성

정보가 신뢰성을 갖기 위해서는 그 정보가 나타내고자 하거나 나타낼 것으로 기대되는 거래나 사건을 사실대로 충실하게 표현하여야 한다. 즉 표현의 충실성(representational faithfulness)이란 회계상의 측정치(또는 설명)와 그 측정치(또는 설명)가 표현하고자 하는 자원이나 사건이 서로 일치하여야 한다는 것이다. 예를 들어 대차대조표는 대차대조표일 현재 인식기준을 충족시키는 기업의 자산, 부채 및 자본을 구성하는 거래나 사건을 충실하게 표현해야 한다.

② 검증가능성

특정 회계정보가 신뢰성을 갖기 위해서는 객관적으로 검증 가능하여야 한다.

검증가능성(verifiability)이란 동일한 경제적 사건이나 거래에 대하여 동일한 측정방법을 적용할 경우 다수의 서로 다른 측정자들이 유사한 결론에 도달할 수 있어야 함을 의미한다. 이러한 회계정보의 특성은 측정방법의 편의보다는 측정자의 편의를 감소시킴으로써 향상시킬 수 있다. 예를 들어 회계정보가 독립된 감사인에 의해 검증되면 회계정보 이용자는 이러한 정보를 보다 신뢰할 수 있을 것이다. 왜냐하면 경영자는 자신의 이익을 위해 회계정보를 조작하려는 측정자 편의를 가질 수 있지만 일반적으로 독립된 감사인은 이러한 측정자 편의가 적기 때문이다.

③ 중립성

중립성(neutrality)이란 재무정보의 결과가 특정 이해관계자에게 유리한 영향을 미쳐서는 안된다는 속성을 말한다. 다시 말하면 정보가 신뢰성을 갖기 위해서는 편의(bias)없이 중립적이어야 한다는 것이다. 미리 의도된 결과나 성과를 유도할 목적으로 재무제표상에 특정 정보를 선택하여 표시함으로써 정보이용자의 의사결정이나 판단에 영향을 미친다면 그 재무제표는 중립적이라 할 수 없다. 또한 회계정보는 효율적인 자원배분을 유도할 수 있어야 하므로 회계정보를 이용함으로써 발생되는 경제적 효과가 특정 이용자에게 편향되어지는 회계정보를 제공하는 회계기준은 중립적이라 할 수 없다. 따라서 회계정보가 중립성(neutrality)을 유지하기 위해서는 측정방법에 있어 편의(bias)를 줄여야 할 뿐만 아니라 회계기준 자체의 신뢰성을 유지하는 것도 중요하다.

(3) 비교가능성

비교가능성(comparability)이란 정보이용자로 하여금 두 개의 경제현상간에 유사성과 차이점을 식별하게 할 수 있는 정보의 자질을 말한다. 특정 기업에 관한 어떤 정보가 다른 기업에 관한 유사한 정보와 비교될 수 있거나 동일기업에 있어서 어떤 정보가 다른 기간이나 다른 시점의 유사한 정보와 비교될 수 있다면 그러한 정보는 크게 유용하다고 말할 수 있다.

비교가능성을 얻기 위해서는 모든 기업으로 하여금 동일한 회계방법을 사용하게 하고 또한 정확히 동일한 양식으로 정보를 보고하도록 하는 것이 최선의 방법이다. 왜냐하면, 예를 들어 재고자산을 후입선출법으로 평가한 경우와 선입선출법으로 평가한 경우 두 개의 금액은 비교가능성을 가지지 못할 것이기 때문이다.

(4) 중요성

회계정보의 중요성(materiality)이란 기업환경에 비추어 회계정보의 생략이나 오기 등이 정보이용자의 판단을 달리하게 하거나 또는 그 판단에 영향을 미칠 정도의 크기를 말한다.

중요성은 양적 중요성과 질적 중요성으로 구분한다. 양적 중요성은 금액에 있어서의 중요성을 말하며 질적 중요성은 금액에 있어서는 무시해도 좋을 만큼 사소한 것이라도 그 사실의 존재 여부가 이용자의 의사결정에 커다란 영향을 미치게 되는 사항들을 말한다. 질적 중요성의 예로 임원 및 주주와의 내부거래, 관계회사와의 내부거래, 재무제표에 영향을 미치는 사항(예 : 임원의 공금유용)등에 대해서는 그것이 비록 금액적으로 사소한 것일지라도 이용자의 의사결정에 중대한 영향을 미치는 것으로 판단될 때에는 이를 어떤 방법으로든지 공시해야 한다.

중요성은 회계정보의 기본적 특성을 회계실무에 적용시킬 때 이론과 실무의 차이를 극복하는 실행의 구체적 기준이 된다.

(5) 효율성과 이해가능성

효율성과 이해가능성은 회계정보의 질적 특성이라기보다는 회계정보 제공시의 제약조건이라 할 수 있다.

효율성(efficiency)이란 정보제공에 소요되는 비용이 의사결정자가 정보를 제공받음으로써 얻는 효익보다 작아야 한다는 제약이다. 즉 정보이용자에 대한정보의 효익(benefits)이 정보를 얻는데 소요되는 원가(costs)를 초과한다면 이러한 정보획득과정은 효율적이라 할 수 있다.

이해가능성(understandability)이란 회계정보를 정보이용자들이 이해할 수 있어야 효용이 있다는 것이다. 아무리 목적 적합하고 신뢰할 수 있는 정보라 해도 정보이용자가 이해할 수 없으면 전혀 쓸모 없는 정보가 된다. 따라서 기업이 제공하는 회계보고서는 표준화된 양식에 간결하고 보편성 있는 용어로 작성되어야 정보 내용의 이해 가능성을 증진시킬 수 있다.

5) 회계원칙

회계원칙(accounting principles)은 회계행위를 할 때 준수하여야 할 행위의 지침으로서 회계실무를 이끌어 가는 지도원리이다. 회계원칙은 회계기준(accounting standards)이라고도 한다. 회계원칙은 기업환경의 변화에 따라 변화하는 특성을 가지며 모든 기업에 적용가능한 보편타당성을 가져야 한다. 회계원칙 중에서도 일반적인 보편타당성을 갖고 다수인의 지지를 받는 원칙을 '일반적으로 인정된 회계원칙(Generally Accepted Accounting Principles : GAAP)'이라 한다.

이 원칙은 다양한 정보이용자의 기본적 정보욕구를 충족시키기 위하여 제공할 정보의 내용과 보고형식 등을 표준화시킨다. 또한 이 원칙은 법령이나 회계관습 등에 의하여 형성된다.

우리나라의 기업회계기준 · 준칙 · 해석 등이 일반적으로 인정된 회계원칙이며 보다 구체적 내용을 살펴보면 다음과 같다.

(1) 역사적 원가기준

역사적 원가기준(historical cost principle)은 원가를 회계처리 및 회계보고의 기준으로 하는 원칙이다. 원가란 보통 취득원가(acquisition cost) 또는 역사적원가(historical cost)를 뜻하는데, 재화 또는 서비스를 취득할 당시의 교환가격(exchange price) 또는 화폐적 대가(monetary consideration)를 의미하는 것이다.

예를 들면 자산의 경우 취득시점의 취득원가로 계상되어 처분될 때까지 취득원가가 장부에 기록됨을 의미한다. 역사적 원가는 시간이 경과되어도 취득당시의 원가로 기록되어 평가시점의 시가와는 차이가 있을 수 있다는 비판도 있으나 취득당시의 원가는 객관적으로 결정되고 후일에도 검증가능하기 때문에 신뢰성이 높은 측정기준이라는 장점 때문에 역사적 원가 기준이 널리 사용되고 있다.

(2) 수익실현의 원칙

수익실현의 원칙(revenue realization principle)이란 수익은 실현된 시점에서 수익으로 인식하여야 한다는 원칙이다. 수익의 실현은 수익의 획득과정이 거의대부분 완료(earned)되고, 획득된 수익이 객관적으로 측정가능할 때 일어나게 되는데, 일반적으로 기업이 채택하는 수익실현시점은 판매시점이 된다.

(3) 수익 · 비용 대응의 원칙

수익 · 비용 대응의 원칙(principle of matching costs with revenues)이란 비용인식에 대한 원칙으로 비용은 그와 관련된 수익이 인식되는 회계기간에 그 관련수익에 대응시켜서 인식하여야 한다는 원칙을 말한다. 이 원칙에 의하면 일정기간 동안 발생한 수익과 관련비용을 대응시켜서 당기순이익을 산출하게 되므로 일정기간의 기간손익을 합리적으로 산출할 수 있게 된다. 그러나 수익과 직접 대응시키기 곤란한 경우에는 발생기간에 즉시 비용처리하거나 일정기간에 걸쳐 인위적으로 배분하기도 한다.

(4) 계속성의 원칙

계속성(consistency principle)의 원칙이란 선택 가능한 회계처리 방법 중 한 가지 방법을 선택하며 정당한 이유 없이 이를 변경하여서는 안 되며 매기 계속 적용하여야 함을 말한다. 계속성의 원칙은 기간별 비교가능성을 제고시킨다.

(5) 완전공시의 원칙

완전공시(full disclosure principle)의 원칙이란 정보이용자의 의사결정에 영향을 미칠 수 있는 목적적합한 정보는 빠짐없이 제공하여야 한다는 것으로 보고와 관련된 원칙이다. 목적적합성을 의사결정에 차이를 가져올 수 있는 정보의 능력이라 정의한다면, 완전공시의 원칙은 의사결정에 차이를 발생시킬 수 있는 양적 · 질적 정보 모두를 회계보고서에 기록하여 보고하여야 한다는 원칙이다.

(6) 객관성의 원칙

객관성의 원칙(objectivity principle)이란 회계정보는 객관적으로 측정되고 검증가능하여야 한다는 원칙이다. 대체로 정보가 객관적이고 검증가능하다면 자격있는 사람이 둘 이상 동일한 자료를 조사해도 유사한 측정치의 결론에 도달할 것이다. 다만 측정의 결과가 제3자와 다소 상이하다 하여도 문서적 증거 및 증빙에 의해 뒷받침된다면 객관성이 충족된다고 본다.

그러나 어떠한 정보도 완전히 객관적일 수는 없으며 다만 추정 · 예측 · 측정 과정이 정보이용자들이 믿을 수 있는 자료와 방법에 의해 행해진다면 그 정보는 검증가능하고 객관적이라고 할 수 있다.

6) 회계관습

회계관습(accounting conventions)은 회계실무에서의 관습적인

규칙(customary rule)으로 실무적으로 존중되고 받아들여지고 있는 것이다. 이는 많은 이들의 동의에 의하여 관행적으로 이루어지는 실무규칙이며 실무적 편의를 고려하여 형성된다. 회계관습이 회계원칙처럼 굳어진 예는 중요성(materiality), 보수주의(conservatism), 업종별 회계실무(industry accounting practices) 등이 있다.

7) 회계절차

본래 절차란 행위의 순서나 방법을 뜻한다. 회계절차(accounting procedures)는 회계기법을 적용함에 따르는 회계행위의 순서나 회계방법을 말한다. 즉 이는 회계원칙 적용의 구체적인 과정이다. 예를 들어 감가상각비를 기록하는 경우, 감가상각의 기본요소인 취득원가, 잔존가치, 내용연수에 대한 결정과 감가상각방법을 결정한 후 감가상각비를 계산하는 일련의 과정을 거쳐야 한다. 많은 경우 회계절차는 회계원칙에 포함되어 규정되기도 한다.

8) 회계실무

회계실무(accounting practices)는 실제로 회계행위가 이루어지는 것을 말한다. 이는 회계공준 · 회계원칙 등으로부터 도출된 회계처리방법을 경제적 사건에 대하여 실제로 적용하는 것이다. 특히 호텔 · 여행사 · 외식업 등 특수한 산업이나 업종에 관해서는 그 산업 또는 업종의 특성을 고려하여 업종별 회계처리방법을 인정한다. 업종별 회계실무는 특정 산업이나 업종에서 존중되고 있는 실무 · 방법 · 규칙 등으로 회계관습에 속한다.

일반적으로 인정된 회계원칙은 실무에서 일반적으로 수용되고 있는 회계절차 및 회계관습을 성문화된 회계기준으로 체계화한 것이다. 즉 대부분의 회계기준은 회계실무상 적용되는 방법들을 귀납적 접근법(inductive approach)에 의하여 논리적으로 체계화한 것이다. 귀납적 접근법은 회계실무에서의 수용가능성이 높고 보편타당성이 있다는 장점이 있지만, 논리적 일관성이 결여될 수 있는 단점이 있다.

|06| 재무제표

1) 재무제표의 의의

재무제표란 특정 회계기간 동안 발생한 기업의 재무상태의 변동을 화폐가치로 표시하여 불특정 다수의 정보이용자에게 제공하기 위하여 작성되는 회계보고서이다. 회계의 목적이 정보이용자들의 경제적 의사결정에 유용한 기업실체에 관한 정보를 제공하는 것이라면 재무제표는 이러한 회계의 목적을 달성하기 위한 구체적인 수단이다.

재무제표는 다양한 의사결정자들의 의사결정에 공통적으로 이용될 수 있는 회계정보를 담게 된다. 따라서 재무제표는 일반적으로 인정되는 회계원칙(GAAP: Generally Accepted Accounting Principles)에 의하여 작성되어야 하고, 일정한 형식을 갖추어야 한다. 또한 재무제표는 이사회와 정기주주총회에서 확정된다. 이에 따라 "재무제표가 사실상 확정된 날" 은 정기주주총회 제출용 재무제표가 이사회에서 최종 승인된 날을 말한다. 다만, 주주총회에 제출된 재무제표가 주주총회에서 수정되어 승인된 경우에는 주주총회일을 말한다. 재무제표에는 재무상태표, 포괄손익계산서, 현금흐름표, 자본변동표가 있다.

2) 재무제표의 목적

재무제표는 현재 및 잠재적 재무제표 이용자의 경제적 의사결정에 유용한 정보를 제공하여야 한다. 투자자와 채권자 등은 배당이나 이자 또는 자금회수 등과 관련하여 기업실체로부터 받게 될 미래 현금의 크기 · 시기 및 불확실성을 평가하는데 필요한 유용한 정보를 재무제표를 통해 얻게 된다.

또한 경영자는 위탁받은 자원을 보전하고 그 효율적인 운용을 통하여 수익을 창출할 책임뿐만 아니라 이에 대한 결과를 정확히 측정하여 진실하고 투명하게 보고할 회계책임을 가지고 있는데 이와 같은 수탁책임의 이행성과도 재무제표를 통해 파악할 수 있다.

재무제표는 정보이용자의 경제적 의사결정에 유용한 정보를 제공함에 있어서 과거에 발생한 거래나 사건의 재무적 영향에 관한 정보를 제공하는 데 중점을 두고 있으며, 비재무적 정보를 제공하는 데 중점을 두고 있는 것은 아니다.

다만, 주석을 통한 비재무적 정보의 제공이 확대되는 추세이다. 재무제표가 제공하는 정보를 살펴보면 다음과 같다.

(1) 재무상태 정보

기업실체의 재무상태는 당해 실체가 지배하는 경제적 자원, 재무구조, 유동성과 재무건전성 및 환경변화에 적응할 수 있는 능력 등에 의해 결정된다. 기업실체가 지배하는 경제적 자원 및 이의 변화에 관한 정보는 미래 현금창출능력을 예측하는데 유용하며 재무구조에 관한 정보는 기업실체의 장래 자금차입의 필요성, 이익이나 현금흐름의 이해관계자간 배분비율 및 추가자금 조달능력을 예측하는데 유용하다. 유동성과 재무건전성은 기업실체가 약정기일에 채무약정을 이행할 수 있는 능력이 있는지 여부를 예측하는 데 유용한 정보이다.

유동성은 단기적으로 도래하는 채무약정을 이행할 수 있는 능력을 말하며 재무건전성은 장기적으로 도래하는 채무약정을 이행할 수 있는 능력을 의미한다.

환경변화에 적응할 수 있는 능력이란 기업이 새로운 환경에 능동적으로 대처하는데 필요한 현금을 동원할 수 있는 능력을 말한다. 즉, 보유한 현금자원, 비현금자원의 현금교환 가능액 및 신용한도 등에 관한 정보는 기업의 환경적응 능력을 나타내는 지표가 될 수 있다.

(2) 경영성과 정보

기업실체의 경영성과 특히 수익성에 관한 정보는 당해 실체가 장래 보유하게 될 경제적 자원의 변화가능성을 평가하는데 유용하다.

즉 경영성과에 관한정보는 그 실체가 현재 보유하고 있는 자원을 기초로 현금 창출능력과 미래에 조달될 자금에 대한 효과적인 운영 여부를 판단하는데 유용한 정보이다.

(3) 재무상태의 변동 정보

기업실체의 재무상태의 변동에 관한 정보는 일정 회계기간동안의 당해 실체의 영업, 투자 및 재무활동을 평가하는데 유용하며, 이러한 정보는 재무제표 이용자가 기업실체의 현금창출능력 및 현금흐름의 활용능력을 평가함에 있어 기초적인 자료가 된다. 이 때 재무상태의 변동에 관한 정보는 순운전자본기준, 현금기준 등으로 다양하게 작성할 수 있다.

(4) 재무제표의 상호관련성

재무제표를 구성하는 대차대조표, 손익계산서, 재무상태의 변동에 관한 보고서는 동일한 거래나 사건의 각각 다른 측면을 반영하므로 서로 다른 정보를 제공하는 동시에 한편으로는 밀접한 상호연관성을 가지고 있다. 따라서 그 중 어느 하나만으로 특정 정보이용자가 필요로 하는 모든 정보를 제공하지 못할 수 있으며, 다른 재무제표와 함께 전체적인 측면에서 이해되어야 한다. 예를 들어, 손익계산서를 분석함에 있어 대차대조표와 재무상태의 변동에 관한 보고서를 동시에 고려하지 않는다면 당해 기업실체의 경영성과를 완전하게 파악하지 못할 수도 있다.

3) 재무제표의 기본요소

재무제표를 구성하는 기본요소는 재무제표의 종류에 따라 다르게 되며, 기본요소를 구분하여 표시하는 것은 정보이용자의 경제적 의사결정에 더욱 유용한 정보를 제공하기 위한 것이다.

(1) 재무상태표

① 재무상태표의 의의

재무상태표(Balance Sheet : B/S)는 일정시점에 있어서 기업의 재무상태를 나내는 회계보고서이다. 재무상태표는 기업에 투자된 자금의 운용상태인 자산과 기업자금의 조달원천인 부채와 소유자지분을 결산일 현재의 잔액으로 표시하는 재무상태표이다.

재무상태표상 자산은 기업이 조달한 자금이 어떻게 투자되고 있는가를 보여주며, 부채와 자본은 자산에의 투자를 위하여 어떤 원천으로부터 자금이 조달되었는가를 보여준다. 자산은 기업의 경제적 자원을 말하며, 부채는 경제적 채무를, 자본은 소유주 즉 주주의 잔여지분을 말한다.

재무상태표는 손익계산서와 함께 재무제표 중 가장 중요한 것이다. 이는 재무상태표가 기업의 재무구조, 유동성, 재무적 탄력성, 수익성과 위험 등을 평가하는데 유용한 정보를 제공하기 때문이다. 재무상태표의 유용성을 요약하면 다음과 같다.

- 기업의 경제적 자원(자산)과 자원에 대한 의무(부채) 및 소유자지분에 관한 정보를 제공한다.
- 기업의 재무유동성 및 지급능력에 대한 정보를 제공한다.
- 기업의 안전성 및 자본구조에 대한 정보를 제공한다.
- 기업의 장기계획이나 새로운 투자의사결정에 필요한 정보를 제공해준다.
- 채권자나 주주의 지분에 관한 정보를 제공한다.
- 회계기간의 영업성과(당기순이익)를 총괄적으로 제시한다.

② 재무상태표의 기본구조

재무상태표를 작성함에 있어 중요한 사항들을 요약하면 다음과 같다.

- 재무상태표에는 재무상태표라는 명칭, 회사명, 재무상태표일, 보고통화 및 금액단위가 기재되어야 한다.
- 자산은 유동자산과 비유동자산으로 구분한다. 유동자산은 당좌자산과 재고자산으로 구분하고, 비유동자산은 투자자산, 유형자산, 무형자산, 기타 비유동자산으로 구분한다.

- 부채는 유동부채와 비유동부채로 구분한다.
- 자본은 자본금, 자본잉여금, 자본조정, 기타포괄손익누계액 및 이익잉여금(또는 결손금)으로 구분한다.
- 자산과 부채는 유동성이 큰 항목부터 배열하는 것을 원칙으로 한다. 이때 유동성이란 현금화 가능성을 의미한다.
- 재무상태표의 표시와 분류방법은 기업의 재무상태를 쉽게 이해할 수 있도록 결정되어야 한다.
- 중요하지 않은 항목은 성격 또는 기능이 유사한 항목으로 통합하여 표시할 수 있으며, 통합할 적절한 항목이 없는 경우에는 기타항목으로 통합할 수 있다. 이 경우 세부내용은 주석으로 기재한다.
- 자산과 부채는 원칙적으로 상계하여 표시하지 않는다. 다만, 다른 기업회계기준에서 요구하거나 허용하는 경우에는 예외로 한다.

③ 재무상태표의 기본요소

㉠ 자산

자산(assets)이란 기업이 소유하고 있는 경제적 자원을 말한다. 즉 자산이란 과거의 거래나 사건의 결과로 특정한 회계실체가 취득하여 그 지배하에 둠으로써 미래에 경제적 효익을 얻게 될 경제적 자원이다. 미래 경제

적 효익은 용역잠재력이라고도 한다. 그러므로 자산은 다음과 같은 요건을 갖춘다.

- 희소한 경제적 자원(economic resources)이다.
- 장래에 경제적 효익을 제공할 수 있는 것이라야 한다.
- 보유기업만이 사용할 수 있는 독점적인 배타적 권리가 있어야 한다.
- 교환가능성(exchangeability), 즉 현금화 가능성이 있어야 한다.

자산은 유동성에 따라 유동자산과 비유동자산, 물리적 실체(physical substance)의 존재 여부에 따라 유형자산과 무형자산, 화폐성 여부에 따라 화폐성자산과 비화폐성자산 등으로 구분한다. 유동성의 판단은 결산일로부터 1년기준(one-year rule)이 일반적이며 화폐성 여부란 일정액의 고정된 화폐액으로 표시될 수 있는가의 여부이다.

한국채택 국제회계기준(K-IFRS)에 의한 자산의 분류를 살펴보면 그림 2-4와 같다.

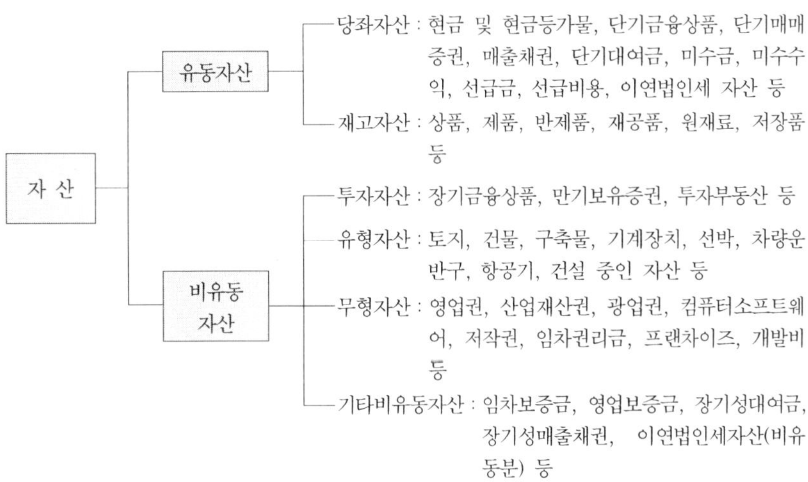

그림 2-4. 자산의 분류

㉡ 부채

부채(liabilities)란 장래 일정한 금액을 일정한 시기에 타인에게 지급할 금전적 의무를 말한다. 부채는 계약상의 지급의무액, 지급일, 지급대상자 등이 확정되어있는 확정부채가 일반적이나, 때로는 우발부채(contingent liabilities)가 나타나기도 한다. 기업의 채무인 부채의 특성은 다음과 같다.

- 부채는 과거의 경제적 사건으로부터 발생하여 현재시점(at the present time)에 존재하여야 한다.
- 부채는 의무이다. 의무의 범위는 계약상의 법적인 의무는 물론이고 기업활동에 따른 통상적인 의무(예 : 서비스 보증의무) 및 형평적 의무까지도 포함한다. 사회적 · 도덕적 관습 등에 따라

발생하는 의무를 형평적 의무(equitable obligation)라고 한다.

- 무조건적 상계권(unconditional right of offset)이 존재하는 경우에는 부채가 아니다. 무조건적 상계권이란 기업이 지급의무를 아무런 조건 없이 임의로 해약할 수 있는 권리를 말한다.
- 부채는 미래의 희생(future sacrifice)이다. 즉 부채는 미래에 자산의 이전을 통해 기업의 가치를 감소시킨다.
- 부채는 지급액 · 수취인 등이 확정된 경우뿐만 아니라 금액의 합리적 추정이 어려운 경우나 확실한 수취인이 존재하지 않는 경우에도 인식될 수 있다.

부채는 상환일을 기준으로 유동부채와 비유동부채로 분류한다. 유동부채(current liabilities)란 결산일로부터 1년 이내에 상환일이 도래하는 부채이며, 비유동부채(non-current liabilities)는 상환기일이 결산일로부터 1년 이후에 도래하는 부채로 장기부채라고 한다. 한국채택 국제회계기준(K-IFRS)에 의한 부채의 분류를 살펴보면 그림 2-5와 같다.

부 채
- 유동부채 : 매입채무(외상매입금, 지급어음), 단기차입금, 미지급금, 선수금, 미지급비용, 미지급법인세, 미지급배당금, 유동성장기부채, 선수수익, 단기충당부채, 이연법인세부채(유동분) 등
- 비유동부채 : 임대보증금, 사채, 장기차입금, 장기성 매입채무, 장기충당부채, 이연법인세부채(비유동분) 등

그림 2-5. 부채의 분류

ⓒ 자본

자본(capital)은 기업의 소유주인 주주에게 속하는 지분이며 소유자지분(owner' s equity), 주주지분(stockholder' s equity), 순재산(net worth), 또는 자기자본이라고도 한다. 자본은 잔여지분(residual interest)으로 기업의 자산에서 경제적 의무인 부채를 차감하고 남는 부분이다. 기업회계기준상 자본은 자본금, 자본잉여금, 자본조정, 기타포괄손익누계액 및 이익잉여금으로 분류한다. 한국채택 국제회계기준(K-IFRS)에 의한 자본의 분류를 살펴보면 그림 2-6과 같다.

- 자 본
  - 자본금 : 보통주자본금, 우선주자본금
  - 자본잉여금 : 주식발행초과금, 감자차익, 자기주식처분이익 등
  - 자본조정 : 주식할인발행차금, 배당건설이자, 자기 주식, 주식매수선택권, 감자차손, 자기주식처분손실 등
  - 기타포괄손익누계액 : 매도가능증권평가이익, 해외사업환산손익, 현금흐름 위험회피파생상품평가손익 등
  - 이익잉여금 : 법정적립금, 임의적립금, 미처분이익잉여금

그림 2-6 자본의 분류

(2) 손익계산서

① 손익계산서의 의의

손익계산서(Income Statement : I/S 또는 Profit and Loss Statement : P/L)는 일정기간 동안 기업의 경영성과를 나타내주는 회계보고서이며, 이익계산서 또는 경영성과보고서라고도 한다. 경영성과는 일정기간의 수익과 그 수익을 얻기 위하여 사용된 비용을 대응시켜 계산한다. 수익과 비용의 차액은 기간손익이다.

수익이 비용보다 큰 경우에는 이익이, 비용이 수익보다 큰 경우에는 손실이 나타난다.

② 손익계산서의 기본요소

손익계산서의 기본요소인 수익과 비용, 포괄이익에 대하여 살펴보고자 한다.

㉠ 수익

수익이란 주요 경영활동으로서의 재화의 생산 · 판매, 용역의 제공 등에 따른 경제적 효익의 유입으로서, 이는 자산의 증가 또는 부채의 감소 및 그 결과에 따른 자본의 증가로 나타난다.

수익은 기업실체와 주요 경영활동의 결과로 발생하였거나 발생할 현금유입액으로 측정되며, 경영활동의 종류와 당해 수익이 인식되는 방법에 따라 매출액(영업수익)과 영업외 수익으로 구분한다.

㉡ 비용

비용이란 주요 경영활동으로서의 재화의 생산 · 판매, 용역의 제공 등에 따른 경제적 효익의 유출 · 소비로서, 이는 자산의 감소 또는 부채의 증가 및 그 결과에 따른 자본의 감소로 나타난다.

비용은 기업실체의 주요 경영활동의 결과로 발생하였거나 발생할 현금유출액으로 측정되며, 그 영위하는 주요 경영활동의 종류와 당해 비용이 인식되는 방법에 따라 매출원가, 판매비와 관리비, 영업외비용, 법인세비용 등으로 분류된다.

㉢ 포괄이익

포괄이익은 기업실체가 일정기간 동안 소유주와의 자본거래를 제외한 모든 거래나 사건에서 인식한 자본의 변동을 말한다. 즉 포괄이익에는 소유주의 투자 및 소유주에 대한 분배 등 자본거래를 제외한 모든 원천에 서 인식된 자본의 변동이 포함된다. 거래접근법에 의한 포괄이익은 수익의 합계에서 비용의 합계를 차감하여 측정한다.

STO
RCL
INPUT
DSP
PRT

Chapter 3.
원가관리의 기초

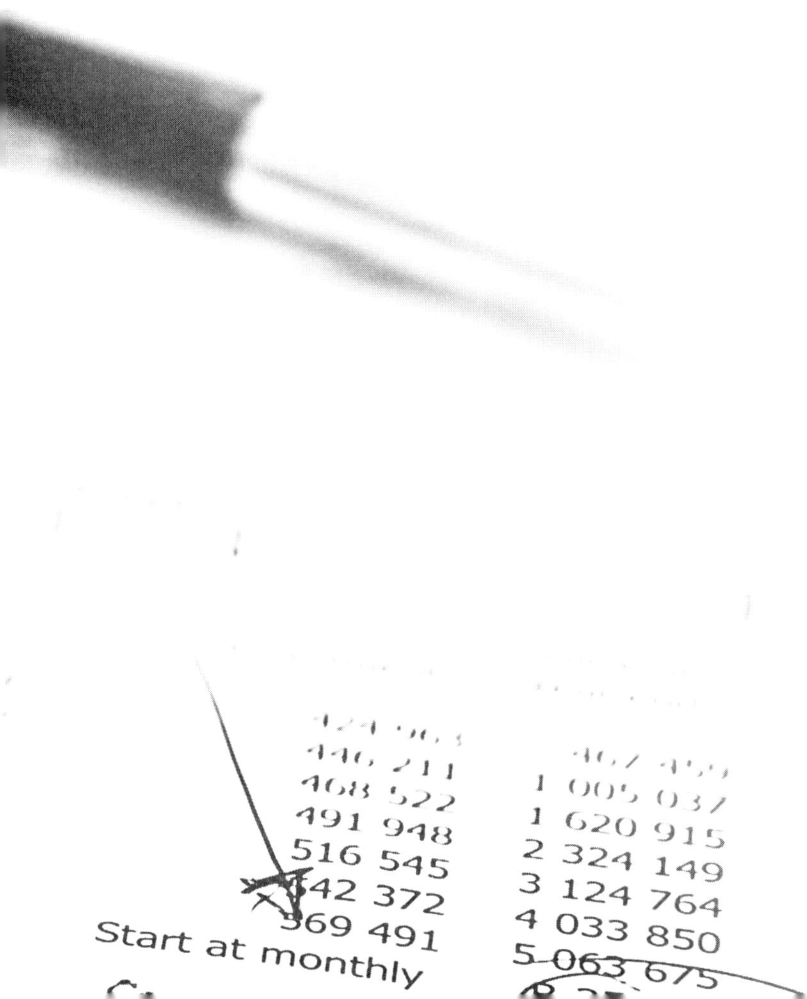

|01| 원가의 의의

원가(cost)란 특정 목적을 달성하기 위해서 희생된 또는 포기된 또는 소비된 가치이다.

원가(cost)와 비용(expense)과의 차이에 대한 이해도 중요하다. 제품제조의 경우 원재료를 가공하여 제품을 만드는데 이때 소비된 재료, 임금, 생산수단을 재료원가(재료비), 노무원가(노무비), 제조간접원가(경비)라고 하고, 이것이 재공품(재공품원가)을 거쳐 제품(제품원가)으로 변형된다. 제품을 판매하면 제품원가가 소멸된다. 즉, 제품원가에 이폭(margin)을 붙여 판매하면 매출액(sales)이라는 수익이 발생하는 동시에 제품원가가 소멸되면서 매출원가(cost of goods sold)라는 비용이 된다.

따라서 판매 전의 제품원가는 미소멸원가(자산)가 되며, 판매 후의 매출원가는 소멸원가(비용)가 된다.

|02| 원가관리의 발전

원가관리는 재고자산가액 결정과 매출원가를 결정하기 위한 제품원가계산중심의 재무회계목적(재무제표작성목적)에서 경영계획과 통제목적을 위한 관리회계목적으로 발전해왔다.

즉 1900년대 초에서 1930년대까지 표준원가계산이 고안되어 완성되었고, 1930년대 말에 직접원가계산이 고안되었다. 그후 1950년대에 이르러 특수원가 조사라는 분야가 나타났으며, 이것들이 통합되어 관리회계라는 회계의 한 영역이 태동한 것이다.

1980년대에 이르러서는 활동기준원가계산이라는 새로운 원가계산방법이 나타나 현재 주목을 받고 있다.

원가관리의 발전단계는 다음과 같다.

- 1단계 : 재무회계목적 – 원가의 확정 – 기록목적 원가계산방법 – 실제원가계산에 의한 전부원가계산(흡수원가계산)
- 2단계 : 관리회계목적 – 원가의 관리 – 주의환기목적 원가계산방법 – 표준원가계산에 의한 전부원가계산
- 3단계 : 관리회계목적 – 원가의 계획 및 분석 – 문제해결목적 원가계산방법 – 직접원가계산(변동원가계산)
- 4단계 : 관리회계목적 – 특수원가조사 – 관리회계영역의 태동
- 5단계 : 활동기준원가계산

원가의 분류 |03|

원가는 원가계산목적에 따라 여러 가지로 분류될 수 있다.

1) 재무보고를 위한 원가분류

재무보고를 위한 제품원가계산에서는 먼저 제품원가(제조원가)와 비제품원가(비제조원가)를 구분해야 한다. 제품원가는 제품제조를 위해 소비된 가치로 재료비, 노무비, 경비의 제조원가의 3요소로 구분된다. 여기에서 관습적으로 비(費)라고 쓰고 있으나 정확하게 쓴다면 원래는 재료원가, 노무원가, 제조간접원가라고 해야 한다. 경비라는 용어에는 제조경비와 판매비와 관리비가 포함되기 때문에 제조경비라고 표현해야 할 것이다.

다음으로 제품에의 추적가능성에 따라 직접비와 간접비로 구분한다. 여기서 간접비(indirect costs)란 하나의 원가목적에 쉽게

(easily) 그리고 정확하게(accurately) 추적할 수 없는 원가를 말한다. '쉽게' 라는 것은 '경제적으로 알맞은 방법으로' (in an economically feasible way)라는 의미이며, '정확하게' 라는 것은 하나의 인과관계(a causal relationship)를 의미한다. 원가의 3요소를 직접비와 간접비로 나누면 6가지 형태로 구분되는데 이를 직접재료비, 직접노무비, 제조간접비(=간접재료비+간접노무비+직접경비+간접경비)로 3구분하여 쓰는 경향이 나타나고 있다. 재료를 노동력과 생산수단을 통해 가공하기 때문에 직접노무비와 제조간접비를 가공비라고 한다. 또한 전환원가라고도 하는데 이는 재료를 재공품이나 제품으로 전환하기 때문이다.

2) 관리통제목적을 위한 원가분류

관리통제목적을 위한 원가분류에는 표준원가, 통제가능원가와 통제불능원가, 변동비와 고정비가 있다. 표준원가는 과학적으로 결정된 원가이다. 이에 비해 정상원가란 단순히 추정한 원가이다. 원가를 조업도(활동수준)에 따른 원가행태에 따라 분류하면 변동비와 고정비로 나눌 수 있다. 여기서 원가행태란 총액에 의하여 결정 지워진다는 것을 유의해야 한다. 원가행태에 따라 구분하는 것은 계획과 통제목적에 광범위하게 적용된다. 직접원가계산을 하기 위해서는 반드시 원가를 변동비와 고정비로 구분해야 한다.

3) 전략수립을 위한 원가분류

전략수립은 대체안(행동대안, alternative courses of action) 중의 하나를 선택하는 과정이다. 이러한 결정을 위해 필요한 원가개념은 그 의사결정목적에 관련 있는 또는 적합한(relevant) 원가를 식별하는 것이다. 이를 관련원가 또는 적합원가(relevant cost)라고 한다.

원가계산 유형 | 04 |

1) 개별원가계산과 종합원가계산

원가계산은 생산방식(methods of production)이나 생산형태에 따라 개별원가 계산과 종합원가계산으로 구분된다. 이 분류방법은 가장 기본적인 원가계산방법이다.

개별원가계산(job order costing)은 다른 종류의 상품을 개별적으로 생산하거나 주문 생산하는 업종에 적합한 방법으로 각 제조지시서별로 원가를 산정하므로 제조지시서별 원가계산이라고 한다. 이 방법에서 중요한 것은 제조간접비를 합리적으로 배분하는 것이다.

종합원가계산(process costing)은 동종 또는 이종의 제품을 연속하여 반복 생산하는 업종에 적합한 방법으로 일정기간에 제품제조에 소비된 모든 원가요소를 집계하여 제품원가를 구한다. 이 방법에서 중요한 것은 기말재공품원가를 정확하게 산정하는 것이다.

2) 실제원가계산 · 정상원가계산 · 표준원가계산

원가개념에는 원가계산목적에 따라 실제원가, 정상원가, 표준원가가 있다.

실제원가는 기발생한 과거원가이고, 정상원가는 정상상태 하에서 발생할 것으로 예상되는 추정원가이다. 표준원가는 과학적으로 산정한 원가이다.

이에 따라 원가계산은 실제원가계산, 정상원가계산, 표준원가계산으로 구분된다.

세 가지 원가계산 모두가 재무보고목적으로 사용될 수 있다. 그러나 표준원가계산은 여기에 부가하여 원가관리목적으로도 사용된다. 실무에서 엄격한 실제원가계산은 거의 사용되지 않는다. 그 이유는 정확한 단위원가정보를 적시에 제공할 수 없기 때문이다. 따라서 실무에서는 정상원가계산이 널리 사용된다.

3) 전부원가계산과 직접원가계산

원가는 조업도의 변동에 따라 원가총액이 변동하는 변동비와 변동하지 않는고정비가 있다. 원가를 분해하여 변동비만을 제품원가에 포함시키는 원가계산방법을 직접원가계산이라고 한다. 반면에 원가를 분해하지 않고 변동비와 고정비 전체를 제품원가에 포함시키는 원가계산방법을 전부원가계산이라고 한다.

일반적으로 재무보고목적에는 전부원가계산이 사용되고 있고, 직접원가계산은 원가 · 조업도 · 이익분석과 같은 경영계획 및 통제목적에 사용된다. 직접원가 계산을 변동원가계산 또는 부분원가계산이라고 하며, 전부원가계산을 흡수원가계산이라고 한다.

|05| 요소별 원가계산

제품원가계산은 요소별원가계산, 부문별원가계산, 제품별원가계산의 단계를 거치는데, 요소별원가계산은 재료비계산(직접재료비계산), 노무비계산(직접노무비계산), 경비계산(제조간접비계산)으로 구분된다.

1) 재료비

(1) 재료비의 의의와 분류

제품은 재료(또는 원재료)를 노동력과 생산수단을 이용하여 가공함으로써 제조된다. 재료가 가공 중에 있을 때를 재공품(미완성품)이라 하고, 가공이 끝난상태에 있을 때를 제품(완성품)이라고 한다. 재료, 재공품, 제품은 모두 대차대조표상의 재고자산이다. 재료가 제품제조를 위해 소비되었을 때 이를 재료비(재료원가)라고 한다. 이때의 재료비는 재료의 소비량에 소비단가를 곱하여 계산한다.

재료비는 제품에의 추적가능성에 따라 직접재료비와 직접노무비로 구분된다. 이 구분은 개별원가계산의 경우에 중요하다. 직접재료비는 특정 제품의 제조지시서별로 부과되고, 간접재료비는 제조간접비(공통비)로써 인위적인 배부 기준에 따라 배부된다.

(2) 재료소비량의 계산

재료소비량의 계산방법에는 계속기록법, 실지재고조사법, 역산법 등이 있다.

계속기록법(장부기록법)은 기중에 재료의 입 · 출고가 있을 때마다 재료원장에 기록을 계속해 나감으로 재료매입액, 재료소비액(재료출고액), 재료잔액을 파악할 수 있는 방법이다. 이 방법에서는 기초재료재고액에 당기재료매입액을 합계한 금액에서 당기재료소비액(=재료비)을 차감함으로써 기말재고량을 계산하는 방법이다.

실지재고조사법(실사법)은 원가계산기말에 실지재고조사를 실시하여 기말재고량을 파악하는 방법이다. 이 방법에서는 기초재료재고액에 당기재료매입액을 합계한 금액에서 기말재고량를 차감함으로써 당기재료소비액(=재료비)을 계산하는 방법이다. 이러한 형식은 제조원가명세서상의 재료비계산 형식과 같다.

계속기록법과 실지재고조사법은 각각 장단점을 가지고 있기 때문에 병용함으로써 단점을 보완할 수 있다. 병용하게 되면 장부상의 잔액과 실지재고액의 차이를 확인할 수 있다. 일반적으로 장부상의 잔액보다 실지재고액이 적은 경우가 많은데 이를 재료감모손실(재고자산감모손실)이라고 한다.

계속기록법과 실지재고조사법을 적용할 수 없는 상황에서는 추정법을 사용한다. 즉, 제품단위당 표준소비량을 결정하고 여기에 생산량을 곱하여 재료소비량을 산출하는 방법이 사용되는 데 이를 역산법이라고 한다.

(3) 재료소비가격의 계산

소비된 재료의 매입가격은 물가가 변동하는 경우 매입시점에 따라 달라질 수 있다. 이런 경우 소비된 재료의 어떤 매입가격을 적용할지가 문제가 된다. 가장 이상적인 방법은 실제로 소비된 재료의 매입가격을 소비가격으로 하는 것이다. 이러한 방법을 개별법이라고 하는데 실제로 비용과 노력이 과대하게 투입되어 적용하기 어려운 경우가 많다. 따라서 일정한 원가흐름가정하에 재료소비가격을 결정하게 된다. 이 때 사용되는 방법에는 선입선출법, 후입선출법, 총평균법, 이동평균법 등이 있다.

선입선출법(FIFO)은 먼저 매입한 것을 먼저 출고하여 소비한다는 가정에 따라 재료소비가격을 결정하는 방법이다. 이에 정반대되는 방법으로는 후입선출법(LIFO)이 있다. 이 방법은 최근에 매입한 것을 먼저 출고하여 소비한다는 가정에 따라 재료소비가격을 결정하는 방법이다. 어떤 방법을 사용하느냐에 따라 재고자산가액과 매출원가에 상이한 영향을 미친다.

예를 들어 물가상승시에 선입선출법을 사용하면 매출원가는 낮은 가격으로 결정되어 당기순이익이 과대계상되고, 재고자산가액은 과대평가되는 결과를 초래한다.

반면에 후입선출법을 사용하면 매출원가는 높은 가격으로 결정되어 당기순이익이 과소계상되고, 재고자산가액은 과소평가되는 결과를 초래한다.

총평균법과 이동평균법은 가중평균법의 일종들이다. 총평균법은 기초재료재고액에 당기재료매입액을 합계한 금액을 기초재료재고량에 당기재료매입량을 합계한 수량을 나누어 총평균단가를 구하고 여기에 소비수량을 곱하여 재료소비가격을 산출하는 방법이다.

이동평균법은 재료매입시마다 재료원장의 잔액과 매입된 재료의 가중평균단가를 구하여 이를 소비재료의 출고단가로 하여 재료소비액을 구하는 방법이다.

선입선출법과 후입선출법은 계속기록법과 실지재고조사법을 모두 사용할 수 있는 반면 총평균법은 실지재고조사법하에서만 사용가능하고, 이동평균법은 계속기록법하에서만 사용할 수 있다.

2) 노무비

(1) 노무비의 의의와 분류

노무비(labor costs)란 재료를 제품으로 전환시키는 과정에서 소비된 임금(급여)을 말한다. 따라서 노무비와 경비를 합한 것을 전환원가 또는 가공비라고 한다. 노무비가 되려면 제품을 제조하는 과정에서 반드시 소비되어야 한다. 단순히 지급하였다는 사실만을 가지고는 노무비로 인식할 수 없다. 따라서 임금도 지급임금과 소비임금으로 분류할 수 있는 데, 전자는 재무회계상의 비용(판매비와 관리비)인 반면, 후자는 원가회계상의 원가요소(노무비)이다.

결과적으로 선급임금과 미지급임금이 발생할 수 있다. 선급임금은 소비되지 않았으나 먼저 지급된 임금으로 재무회계상의 비용인 반면, 미지급임금은 소비되었으나 미지급된 임금으로 원가회계상의 원가이다. 노무비는 제품에의 추적가능성에 따라 직접노무비와 간접노무비로 나뉜다. 간접노무비는 제조간접비에 포함된다. 이 구분은 개별원가계산에서 특히 중요하다. 개별원가계산에서 직접노무비는 해당 제조지시서에 직접 부과되는 반면 간접노무비는 제조간접비로 하여 인위적인 배부기준에 따라 제조지시서에 배부된다.

(2) 노무비의 계산

노무비의 계산은 소비임금을 계산하는 것이다.

$$\text{소비임금} = \text{노동량} \times \text{임률}$$

노동량은 작업시간 또는 작업량으로 측정할 수 있다. 작업시간은 직접작업시간과 간접작업시간으로 구분되는 데, 직접작업시간에 대해 지급되는 임금은 직접노무비가 되는 반면, 간접작업시간에 대해 지급되는 임금은 간접노무비로 제조간접비로 분류된다.

임률(labor rate)은 시간당 임금과 같은 단위당 노무비(노무단가)로 실제임률과 예정임률, 개별임률과 평균임률이 있다. 일반적으로 노무비계산시에는 예정임률과 평균임률이 사용된다. 예정임률과 실제임률의 차이를 임률차이라고 한다.

3) 경비

(1) 경비의 의의와 분류

경비(manufacturing overhead cost)는 원가요소 중 재료비와 노무비를 제외한 모든 원가요소를 말한다. 경비는 제조경비와 판매관리비가 있기 때문에 제조원가요소에 속하는 경비는 제조경비라고 불러야 하나 현행 기업회계기준에서는 그냥 경비라고 부른다. 경비가 되려면 제품을 제조하는 과정에서 소비되어야한다. 따라서 경비도 지급된 경비와 소비된 경비로 나눌 수 있으며 시차에 따라 선급경비과 미지급경비가 발생할 수 있다.

경비는 제품에의 추적가능성에 따라 직접경비와 간접경비로 나뉜다. 원가요소를 직접재료비, 직접노무비, 직접경비, 제조간접비로 4구분하는 방법은 경비중 직접경비는 하나의 원가요소로 별도 계산하고 간접경비만을 제조간접비에 포함하는 방법이고, 원가요소를 직접재료비, 직접노무비, 제조간접비로 3구분하는 방법은 경비는 직접경비든 간접경비든 모두 제조간접비에 포함시키는 방법이다. 일반적으로 3구분하는 방법이 널리 쓰이고 있다. 3구분하는 경우 제조간접비는 변동제조간접비(직접경비)와 고정제조간접비로 나뉘게 된다. 우리나라 기업회계기준에서는 개별원가계산시에 원가요소를 직접재료비, 직접노무비, 제조간접비로 3구분하는 방법을 예시하고 있다. 최근 산업이 노동집약적 산업에서 자본집약적 산업으로 변모하면서 제조간접비의 규모가 커지고 있어 제조간접비의 중요성 또한 더욱 커지고 있다.

(2) 경비의 계산

경비는 계산방법에 따라 지급경비, 월할경비, 측정경비, 발생경비로 나눌 수 있는 데, 경비계산을 위해서는 경비지급표(지급경비), 경비월할표(월할경비), 경비측정표(측정경비), 경비발생표(발생경비)가 사용된다.

부문별 원가계산 |06|

원가계산은 요소별원가계산, 부문별원가계산, 제품별원가계산의 3단계로 이루어진다. 따라서 부분별원가계산은 2단계에 속하는데 규모가 작고 단순한 제조공정을 가진 회사에서는 생략하기도 한다.

(1) 부문별 원가계산의 의의와 목적

여기에서 부문이란 원가부문으로 보통 제조부문과 보조부문으로 구분되는데, 원가가 발생한 장소로서 기본적 원가계산단위가 된다. 관리회계에서는 원가중심점(cost center)으로 하나의 책임중심점(responsibility center)이 된다.

부문별 원가계산을 하는 목적 중의 하나는 부문이라는 원가중심점의 통제를 하기 위한 것이다. 원가중심점의 경영자의 목표는 가능한 한 원가를 절감하는 것이다. 따라서 원가절감여부에 의해 성과를 평가받게 되므로, 결과적으로 원가관리를 할 수 있다. 다른 하나의 목적은 제품원가를 정확하게 산정하기 위한 것이다. 이를 위하여 제조간접비를 부문공통비와 부문개별비로 나누어 부문 개별비는 각 부문에 직접 부과하고 부문공통비는 인위적인 배부기준을 정하여 각 부문에 배부하게 된다.

(2) 원가부문의 설정기준과 분류

원가부문은 작업 장소, 직능영역과 생산기술, 직제상의 구분에 의해 설정된다. 일반적으로 원가부문은 제조부문과 보조부문으로 구분되고, 보조부문은 보조경영부문과 공장관리부문으로 구분된다. 제조부문은 제품을 직접 제조하는 부문이고, 보조부문은 제조부문이 원활하게 움직이도록 지원하는 부문이다. 보조부문 중 보조경영부문은 제조부문에 용역을 제공하는 부문이며, 공장관리부문은 공장관리사무를 제공하는 부문이다.

(3) 부문별 원가계산의 절차

① 부문별 원가계산의 기초

모든 제품은 제조부문을 경유하나 보조부문은 경유하지 않는다. 따라서 모든 보조부문비는 제조부문에 배부하여야 한다. 결과적으로 부문별 원가계산은 크게 2단계를 거친다.

- 1단계(부문별 원가의 제1차 집계) : 원가요소를 각 원가부문별로 집계한다. 이 경우 개별원가계산에서는 제조간접비(부문개별비와 부문공통비로 나눈다)만을 집계하는 반면, 종합원가계산에서는 모든 원가요소를 집계한다.
- 2단계(부문별 원가의 제2차 집계) : 보조부문에 집계된 원가(보조부문비)를 각 제조부문에 배부한다.

② 제조간접비의 부문별 배부

개별원가계산이 이루어지는 경우 원가절차는 세분하면 다음과 같다.

- 1단계 : 직접비는 제조지시서에 직접 부과한다.
- 2단계 : 제조간접비를 부문개별비와 부분공통비로 나눈 다음 부문개별비는 각 부문에 직접 부과한다. 부문개별비는 특정 부문에 추적이 가능한 원가이고, 부문공통비는 특정 부문에 추적이 불가능한 원가로 공장전체에 대해 발생한 원가이다.
- 3단계 : 제조간접비 중 부문공통비는 인위적인 배부기준에 따라

각 부문에 배부한다. 이 때의 배부기준은 배부기준의 공통성과 상호관련성을 고려하여 설정한다.

- 4단계 : 각 부문별로 집계된 보조부문비는 인위적인 배부기준에 따라 관련 제조부문에 배부한다. 이 때의 배부방법에는 보조부문 상호간의 용역수수여부를 얼마만큼 고려하는 가의 여부에 따라 직접배부법, 단계배부법(계제식배부법), 상호배부법으로 구분한다.

- 5단계 : 제조부문비를 각 제조지시서에 부과한다.

표준원가계산 |07|

1) 표준원가계산의 의의와 목적

초기의 원가계산은 재무보고목적을 위한 원가의 확정에 초점을 두었다. 이 단계에서는 사후에 실제로 발생한 원가를 집계하는 사후원가계산 또는 실제원가계산(actual costing)이었다. 실제원가계산은 원가계산이 지연되며, 원자재의 소비량, 소비가격 및 조업도의 변동에 따라 제품원가가 현저하게 변동하는 우연적 원가라는 문제점을 가지고 있다. 이러한 문제점을 해결하기 위해 사전에 정상적으로 발생할 원가를 추정하여 원가계산을 실시하는 정상원가계산(normal costing)이 나타났다. 그러나 여기에서 사용되는 원가는 과거의 실제원가에 기초하여 미래에 예상되는 원가를 단순히 추정하여 설정한 것이어서 여전히 문제점을 가지고 있으며, 이에 대한 개선된 시스템으로 표준원가계산시스템이 고안되었다.

표준원가계산(standard costing)은 과학적 · 통계적 방법에 의하여 제품단위당 설정한 표준원가에 의하여 재고자산가액과 매출원가를 산정하고, 아울러 부문별로 집계된 실제원가와 표준원가를 차이분석을 통해서 원가관리(cost control)에 기여하는 정보를 제공하는 것을 주된 목적으로 하는 원가시스템이다.

표준원가는 크게 기준표준원가와 현행(당좌)표준원가로 구분되고, 현행표준원가는 이상표준원가, 정상표준원가, 달성가능표준원가로 구분되는데, 오늘날 일반적으로 사용되는 표준원가는 달성가능표준원가이다.

2) 원가표준의 설정

표준원가계산은 일반적으로 원가표준의 설정, 실제생산량에 대한 표준원가의 계산, 실제원가의 계산, 표준원가와 실제원가와의 차이계산 및 분석, 원가보고서의 작성의 5단계를 거친다. 원가표준을 설정하기 위해서는 기술 · 제조 · 생산관리 · 구매 등 각 부문 대표자로 구성된 표준원가위원회를 구성한다. 여기에서 직접재료비표준, 직접노무비표준, 제조간접비표준으로 나누어 표준을 설정한다. 이때 가장 복잡하고 어려운 것은 제조간접비표준이다.

직접재료비표준은 재료의 표준가격과 표준수량으로 나누어 설정한다. 재료의 표준수량은 실험 및 기술적 검토를 통하여 결정한다. 재료의 표준가격은 해당된 기간의 예상가격이나 표준이 설정된 시점에서의 미래가격에 기초를 두어 결정한다. 직접노무비표준은 표준임률과 표준노동시간으로 나누어 설정한다.

표준임률은 노동시장에 있어서 또는 동종기업 내지 직무에 대한 임률의 변동을 예측하여 결정하게 된다. 표준노동시간은 각 생산공정별로 1단위의 제품을 생산하는 데 소요되는 시간으로, 실험과 기술적 검토에 의한 과학적인 방법에 의하여 결정한다. 제조간접비표준은 변동제조간접비표준과 고정제조간접비 표준으로 나누어 설정한다. 이 경우 예산제도의 뒷받침을 받아서 설정한다.

3) 원가차이분석

원가표준이 설정되고 나면 실제생산량에 대한 표준원가와 실제원가를 계산한 후 원가차이분석을 하여, 차이가 발생하면 그 원인을 찾아내어 시정조치를 하게 된다. 이렇게 함으로써 주의환기(attention directing)가 이루어지고, 원가관리를 할 수 있게 된다.

4) 표준원가계산의 회계처리

표준원가계산은 원가관리목적으로만 사용하는 경우가 있겠으나 일반적으로 재무보고목적으로 사용하면서 동시에 원가관리목적으로 사용한다. 재무보고 목적으로 사용할 경우 회계처리방법에는 원가차이를 인식하는 시점에 따라 단기법과 분기법으로 구분한다.

단기법(투입법 또는 단일기입법)은 원가요소의 투입시점에서 실제원가와 표준원가와의 차이를 분리시키는 방법이다. 분기법(산출법)은 완성된 제품의 원가를 재공품계정에서 제품계정에 이기하는 때 표준원가로 기입하는 방법이다.

원가차이의 처리방법에는 매출원가에 가감하는 방법, 재고자산과 매출원가에 안분하는 방법, 영업외손익으로 처리하는 방법이 있다. 이때 정상적인 상태에서 발생한 원가는 원가성이 있으므로 매출원가에 가감하거나 재고자산과 매출원가에 안분한다. 이상적인 상태에서 발생한 원가는 원가성이 없으므로 영업외손익으로 처리한다.

활동기준 원가계산 |08|

1) 활동기준 원가계산의 기본개념

(1) 전통적 원가시스템의 문제점

전통적 원가시스템의 부적합성에 대응하여, 새로운 관점과 기준으로 원가를 계산함으로써 원가관리 나아가서는 경영관리에 적합한 원가정보를 제공하려는 노력 중 하나가 활동기준 원가계산(activity-based coasting; ABC)이다. 활동기준 원가계산은 원가관리의 초점이 원가 자체에 있는 것이 아니라 활동(activity)에 있음을 인식하고, 원가를 발생시키는 활동별로 그 요인, 즉 원가동인(cost driver)을 확인 · 측정하는 기법이다. 활동기준 원가계산의 기본목표는 한편으로 원가계산의 정확성을 기하면서, 다른 한편으로 기업 내 부가치를 발생시키는 활동을 효율화하고 부가가치를 발생시키지 않는 낭비적 활동 요소를 제거함으로써 원가관리를 효과적으로 하고자 하는 데 있다.

활동기준 원가계산에 대비해 전통적 원가계산을 조업도기준 원가계산(volume-based costing)이라고 할 수 있다. 조업도 기준 원가계산은 그 과정에 있어서 활동을 별로 중요시하지 않고 제품에 초점을 맞춘다. 각 제품이 자원을 소비한다고 가정하기 때문에 원가는 제품별로 추적된다. 따라서 전통적인 원가배부기준으로 직접노무시간 · 기계작업시간 · 재료소비량 등과 같은 조업도관련 배부기준(volume-related allocation bases)이 사용된다.

전통적인 조업도기준 원가계산시스템을 운영하고 있는 기업에서 생산량과 규격이 모두 다른 제품을 생산하는 경우, 생산량이 많으면서 규격이 큰 제품의 원가는 높게, 반대로 생산량이 적으면서 규격이 작은 제품의 원가는 낮게 평가될 것이다.

이러한 결함을 보완하여 상대적으로 정확한 원가를 계산하고, 원가관리의 초점을 원가를 유발하는 보다 근본적인 원인인 활동에 두고자 하여 개발된 원가계산시스템이 활동기준 원가계산이다.

(2) 원가동인

활동기준 원가계산에서 사실상 핵심적인 개념은 원가동인(cost driver)이다. 원가동인의 개념은 "원가는 그 스스로 발생하는 것이 아니고 무엇인가에 의해 야기된다(..caused by..)"는 데에서 생성되었는데, 원가를 발생시키거나 발생 정도에 영향을 미치는 요인이 되는 활동의 양적 측정치를 원가동인이라고 한다.

활동기준 원가계산을 실행하는 경우에 적절한 원가동인을 선택하는 것은 매우 중요하다. 원가동인을 적절히 선택하기 위해서는 다음과 같은 기준이 고려되어야 한다.

① 상관관계

ABC의 중심되는 생각은 각 활동의 원가를 활동으로 인식되는 원가동인의 소비량을 기준으로 각 제품에 배부하는 것이다. 생각은 각 제품의 활동소비량은 각 제품의 원가동인소비량을 관측함으로써 추론할 수 있다는 것이다. 그러므로 결과적인 원가배부의 정확성은 활동소비와 원가동인소비간의 상관관계(degree of correlation)에 의존하다.

② 측정원가

정보시스템의 설계는 원가 · 효익의 상반관계를 평가하여 이루어져야 한다. 활동원가집합이 많을수록 원가배부의 정확성은 높아지지만, 원가동인이 많아지므로 시스템의 실행과 유지에 많은 원가가 소요된다. 원가동인과 관련활동의 실제소비간의 상관관계가 높을수록 원가배부의 정확성은 높아지나, 더 높은 상관관계의 원가동인을 측정하는 데 더 많은 원가가 소요될 수도 있다.

③ 행동적 영향

정보시스템은 의사결정을 촉진시키거나 의사결정자의 행동에 영향을 미치므로 원가동인을 인식함에 있어서는 그 잠재적인 행동적 영향(behavioral effect)을 고려하여야만 한다. 예컨대, JIT상황에서 핵심적 목표는 재고와 재료처리활동을 최소화하는 것인데, 재료처리활동원가를 배부하기 위한 목적으로 재료이용횟수를 원가동인으로 측정할 수 있다. 그렇게 하면 이 원가동인의 이용은 재료이용횟수, 즉 재료처리활동을 줄이게 하는 행동적 영향을 미칠 수 있다. 한편, 역기능적 영향도 가능한데, 구입처의 선택을 위한 구매활동원가에 대한 원가동인을 구입처의 접촉횟수로 하는 경우에 구매관리자로 하여금 보다 적은 수의 구입처를 접촉하게 하여, 결과적으로 가능하면 많은 구입처를 접촉하여 최저원가와 최상품질의 구입처를 선택하게 하는 목적에 역기능적인 영향을 미치게 된다.

활동기준 원가계산에서 원가배부기준으로서의 원가동인은 이러한 기준을 고려하여 선택하여야 한다.

2) ABC의 계산절차

ABC는 원가를 발생시키는 단위활동에 대한 원가동인을 파악하고, 이를 기준으로 원가를 배부계산하는 방식으로, 그 구체적인 절차를 나타내면 (그림 3-1)과 같다.

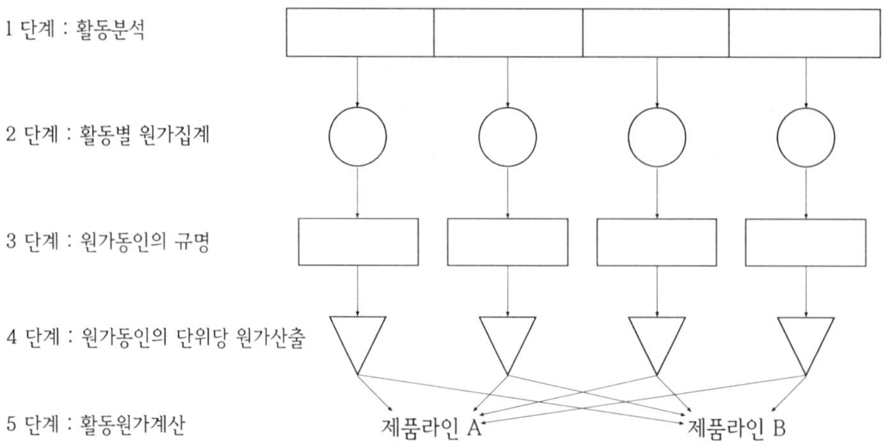

자료 : T. Yashikawa, J. Innes, F. Mitchell, and M. Tanaka, contemporary cost management, Chapman & Hall, 1993, p.110.

그림 3-1 활동기준 원가계산 절차

① 활동분석

활동기준 원가계산을 수행하기 위해 제일 먼저 이루어져야 하는 일은 활동분석(activity analysis)이다. 활동분석은 경영활동을 기술하고 그 활동의 원가 및 성과를 평가할 수 있는 기준을 얻기 위하여 기업의 주요 활동을 규명하는 것이다. 활동분석은, 전체 시스템은 너무 커서 관리하기가 어렵지만, 개별구성요소는 그러하지 않다는 점에 기초하고 있다. 면담이나 설문지 또는 자기 분석 등의 방법에 의해 이루어지는 활동분석은 기업전체에서 수행되는 활동과정을 분석함으로써 원가의 발생원인을 더욱 근접하게 파악하려는 것이다. 활동분석에 있어서는 특히 20%의 활동이 80%의 원가를 발생시킨다는 파레토규칙(Pareto' s rule)에 따라 주요활동을 파악하는 것이 중요하다.

② 활동별 원가집계

이 단계는 활동분석자료를 이용하여 각 활동에 대한 원가를 집계하는 과정이다. 즉, 활동분석에서 규명된 각 활동들이 어느 정도 자원을 소비하였는지 활동별로 총 원가를 집계하여 활동원가집합(activity cost pool)을 구성한다. 이 때 어느 정도 정확한 원가를 계산하기를 원하느냐에 따라, 그리고 원가 · 효익의 기준에 따라 유사한 활동들을 통합하여 파악할 수 있다. 예컨대, 아주 정확한 원가정보를 필요로 하고, 그 측정원가가 효익에 비해 크지 않은 상황에서는 모든 분석된 활동에 대하여 원가를 추적할 수 있을 것이다.

③ 원가동인의 규명

활동별 원가가 집계되면, 그 원가를 발생시킨 보다 직접적인 요인인 원가동인을 파악하여야 한다. ABC가 전통적인 조업도기준 원가계산보다 정확한 원가정보를 제공할 수 있는 것은 다양한 원가동인을 사용하기 때문이다. 기업 내에서는 수많은 활동들이 이루어지고 있기 때문에 각 활동에 대하여 각각의 원가동인을 사용하는 것은 경제적이지 못하다. 따라서 어느 정도의 동질성을 고려하여 몇 가지의 활동들을 통합하여 하나의 원가동인을 사용하는 것이 가능하다. 원가동인의 수를 어느 정도로 할 것인가의 문제는 원가정보의 정확성을 어느 정도로 요구하느냐의 문제와 연계된다. 즉, 희망하는 정확성의 수준이 높을수록 많은 수의 원가동인을 이용하여야만 할 것이다.

④ 원가동인의 단위당 원가산출 및 원가계산

원가동인이 파악되면, 마지막으로 원가동인의 단위당 원가를 계산하고, 이를 이용하여 제품에 원가를 배부한다. 이렇게 함으로써 전통적으로 조업도를 기준하여 배부해 오던 많은 원가들을 원가를 발생시키는 활동, 즉 원가동인을 기준으로 배부함으로써 보다 정확한 원가정보를 창출하게 된다. 또한 이 과정에서 활동들에 대한 정확한 분석과 평가를 통해 기업 전체의 활동에 대한 능률성을 개선할 수 있다. 이러한 측면이 곧 활동기준 원가계산을 활동기준관리의 차원으로 끌어올리게 한다.

3) ABC의 활용효과

ABC는 정확한 원가배부를 통한 정확한 원가계산이라는 기본적인 효과외에도 재무보고, 공정개선, 전략적 원가관리, 의사결정 등에 매우 적절하고 유용한 수단이 되고 있다. 이러한 ABC의 활용효과를 요약한다면 정확한 원가의 계산과 보고, 전략적 의사결정의 지원, 장·단기적 원가통제의 지원의 세 가지 효과로 요약할 수 있다.

① 정확한 원가의 계산과 보고

ABC의 기본적인 출발은 전통적인 조업도기준 원가계산으로 인한 원가의 왜곡을 시정하고자 하는 것이었다. 근래에 급격히 증가하고 있는 간접제조원가를 보다 적절하게 배부하기 위한 기준을 찾기 위하여 활동을 분석하고, 이에 기준한 원가동인을 선택함으로써 적절한 원가계산을 가능하게 한다. 따라서 많은 조업도 비관련활동에 따라 발생하는 간접제조원가의 잘못된 배부에 의한 원가왜곡을 시정할 수 있고, 또한 왜곡된 원가정보에 근거한 잘못된 경영의사결정 및 원가통제를 지원하는 기초자료를 제공하게 된다.

② 전략적 의사결정에의 지원

다품종을 생산하는 기업에서 전통적인 원가계산방식을 이용하면 소량을 생산하는 제품은 낮은 원가로 계산되고, 실제의 수익성에 관계없이 외관상으로 나타나는 수익성 지표에 따라 기업은 당연히 이러한 소량제품에 마케팅정책의 초점을 두게 된다. 그 결과 소량의 특수품목이 계속 장려되고, 이에 따라 간접원가는 더욱 증가하여 외관상의 대량품 수익성 저하의 악순환을 불러일으킴으로써 기업은 매우 어려운 상황에 빠질 수 있다.

ABC는 보다 합리적인 인과관계에 기초한 원가동인을 찾아 간접원가를 배부함으로써 이러한 왜곡을 방지하여, 기업이 잘못된 제품을 선택하는 전략상의 오류를 방지하는 역할을 한다. 즉, 전통적인 원가계산방식에서 무시되는 중요한 원가동인인 제품의 다양성이나 공정의 복잡성 등이 활동기준 원가계산에서 중요한 원가배부기준이 됨으로써 소량의 특수제품은 그에 상응한 원가를 부담하기 때문에, 외관상으로 높은 수익성을 나타내어 잘못된 전략을 유도하는 문제는 없어진다.

③ 장 · 단기적 원가통제의 지원

전통적인 원가시스템에 따르면 주로 재무적 지표에만 초점을 맞추며, 비재무적 활동지표는 등한시하는 경향이 있다. 그러나 ABC의 경우에는 활동관리에 초점을 두는 과정에서 조달시간 · 운반관리 · 점유면적 등 비재무적 · 경쟁적 지표를 계속 추적하여 주의를 기울이므로 기업활동의 성과를 일선현장에서 직접적으로 통제할 수 있게 한다. 즉, 전통적인 원가시스템에서는 원가측면만을 강조할 뿐 통제의 주요 요소인 활동에 대한 직접적인 관리수단이 없었으나, ABC에서는 활동에 대한 직접적인 관리가 가능하다. 또한 전통적인 원가시스템의 경우 인과관계가 희박한 조업도를 기준으로 간접원가를 배부하였으나, ABC에서는 활동을 중심으로 구체적인 목표를 설정함으로써 품질개선이나 생산성의 향상, 원가절감 등의 노력을 경주하게 하는 동기부여의 효과를 니디네게 된디. 따라서 ABC는 활동기준관리(activity based management; ABM)로 확장되어 활용된다.

Chapter 4.
식음료 원가관리의 기초

|01| 식음료 원가관리의 의의

호텔의 식음료경영에 있어 식음료 원가관리는 수익증대의 효과와 연계한다.

식음료 원가관리(cost control)란 식재료의 구매, 검수, 입고, 출고, 조리계획, 기초조리활동, 음식의 생산, 분량관리, 판매가격결정, 상품의 수정 및 개선 등과 관련된 원자재의 관리 또는 통제의 경영관리 기술을 말한다. 즉, 식음료를 통해 고객에게는 만족을 주고 호텔 측에는 영업상의 이익을 올릴 수 있도록 최저비용을 계산해 내는 절차이다.

|02| 식음료 원가관리의 중요성

식음료부분은 제조가 본질적 업무의 성격을 갖고 있으므로 발생되는 제비용중 식음료의 재료비가 최대의 비용항목이 되고 있다. 그러므로 식음료 재료원가의 효율적인 관리여부는 식음료운영의 성패를 좌우하는 주요인으로 작용한다.

식음료경영에서 제기되는 근본적인 과제는 식음료재료의 관리로써 식음료재료의 강한 부패성으로 시간 및 공간적 보유재고량에 제약이 따르며, 이것은 관리상의 곤란을 가중시킨다.

과대한 식음료 원가는 재료의 구매와 이에 따른 검수, 저장, 출고에 이르는 제활동을 수행하는 동안 야기되는 제형태의 재료손실과 낭비에 기인된다. 그러므로 철저한 원가관리로 불필요한 비용의 발생을 최대한 배제하여야 한다.

식음료 관리와 현대호텔경영 |03|

1) 식음료 관리

(1) 식음료 관리의 목적

① 호텔의 식음료 영업은 제조기능이 본질이며, 상품의 특수성으로 많은 낭비와 손실 가능성이 크다.

② 식료제품은 완제품, 반제품, 원재료의 제형태 중 식품인 까닭에 구매시점에서 판매시점까지 많은 낭비와 부패의 손실발생 가능성이 타제조업보다 월등히 높다.

③ 매일 적어도 3회 이상 다종의 식음료를 대부분 주문생산에 의존하므로 복잡다난한 관리상의 문제를 내포 또는 야기한다.

④ 식음료 관리활동에 있어 관리자의 능력정도는 결과적으로 호텔경영의 성패를 좌우한다.

⑤ 식음료 사업에 대한 계획과 통제제도의 근본적인 목적 : 고객의 권익보호 및 기업목적 완수, 판매가격에 정당한 원가를 배분시킴으로써 고객서비스를 다하려는 환대산업의 본질적 목적 및 기업의 사회성 및 공익성을 인식하고 실천하는 경영자의 올바른 태도, 적극적으로 상품의 품질향상과 이를 통한 경영성과의 향상에 있다.

⑥ 위의 목적달성을 위해서는 원가의 관리가 필수불가결하며, 가능한 불필요한 소비를 감소시키고, 손실을 극소화 함으로써 과도한 원가발생을 피할 수 있다.

(2) 식음료의 관리

① 관리의 순환 : 계획(Planning) → 비교(Comparing) → 수정(Correcting)

② 계획(Planning) : 표준의 수립단계

③ 비교(Comparing) : 수립된 표준과 실제의 수행결과를 측정하는 단계

④ 수정(Correcting) : 표준과 계획의 차이를 수정하는 단계

⑤ 관리제도는 과대한 원가상승을 피하고자 하는 경영자의 노력에 기여하는 실제적이고 유용한 수단이 되어야 하며, 통제의 수단은 최저원가 실현을 위해 수행되는 모든 활동이 가능한 최선의 방안이 되도록 연구되어야 한다.

⑥ 식음료에 대한 관리업무 수행 : 식당운영의 통제기준으로 업적표준을 설정하고 실제원가와 상호비교, 분석하여 차이 및 비능률의 발생여부를 검토, 원인규명으로 개선방안을 모색

(3) 식음료 원가의 흐름과 관리절차

① 원가의 흐름 : 식음료 업무의 흐름 및 시간경과에 따라 원가가 발생되어가는 추이

② 제1단계 : 기초적인 관리활동

- 구매관리(purchasing) : 고객 및 매출량 예측에 준한 원재료의 구매
- 검수관리(receiving) : 구매된 식음료 원재료의 검수
- 저장관리(storing) : 검수를 필한 식음료 원재료를 일부는 주방으로 보내고 일부는 저장창고에 보관
- 출고관리(issuing) : 일정한 절차 및 서류의 작성에 의해 식음료 원재료를 필요한 부서에 인도해 주고 그 결과를 기록, 정리 보관

③ 제2단계 : 식음료의 조리와 생산관리 활동

- 예비준비단계, 할몫단계 : 식음료 원재료를 필요한 물량이나 부위에 따라 대강 정리한 후 몫을 나누어 놓는다.
- 조리단계 : 표준조리법(standard recipe)에 의한다.

④ 제3단계 : 판매 및 회계관리활동

- 호텔경영성과에 직접 계수적인 영향을 미치게 된다.
- 협의의 식음료 원가계산이나 관리는 이 단계의 관리를 말한다.

(4) 식음료 관리제도의 요건

① 단순화

- 가능한 단순화 되어야 하며, 단순화의 한계는 관리능률에 지장을 초래하지 않아야 한다.
- 불필요하게 길고 복잡한 관리제도는 많은 시간의 낭비가 있으므로, 본연의 원가절감을 위한 모든 예방적 관리에 충분한 시간을 갖을 수 없다.

② 유동성

- 사업규모에 따라 제도의 세밀한 내용에는 다소 차이가 있으나, 근본적인 원리와 절차만은 비슷하므로, 식음료 관리제도는 다소의 수정으로 어떠한 규모의 식음료 사업체에서도 응용될 수 있도록 관리의 기본원리와 절차에 의하여 적절하게 수립되어야 한다.

③ 경제성

- 아무리 훌륭한 관리제도라 할지라도 그 제도가 가져다 주는 이익보다 더 많은 관리비용이 소요된다면 이것은 비능률, 불필요한 관리제도로 평가된다.

④ 수정활동

- 관리는 계획과 현실과의 차이를 감안한 수정활동으로 연결되어야 한다.

- 능률적인 관리 : 실패, 차질, 책임소재가 어디에 있는지 원인규명을 하고, 이에 부합되는 수정조치를 취하는 것이다.

⑤ 목적의 명확화와 표준의 설정

- 효율적인 관리 : 분명한 목적과 함께 정확하고 적절한 표준을 요한다.
- 표준 : 계량적인 것으로 원가 또는 단위생산에 소요되는 활동시간, 작업완수기일 등

2) 식음료 부문의 경영조직

(1) 호텔경영조직과 식음료 지배인의 지위

① 호텔의 경영조직 : 크게 2개 부분으로 구분

- 수익발생부서 : 객실, 식음료, 기타 부대시설
- 수익발생시키지 않는 지원부서 : 총무, 인사, 회계, 영선, 기계부서

② 식음료 담당지배인 : 식음료부서의 책임자로서 총지배인 아래 부문책임자의 지위

(2) 식음료 부문의 경영조직

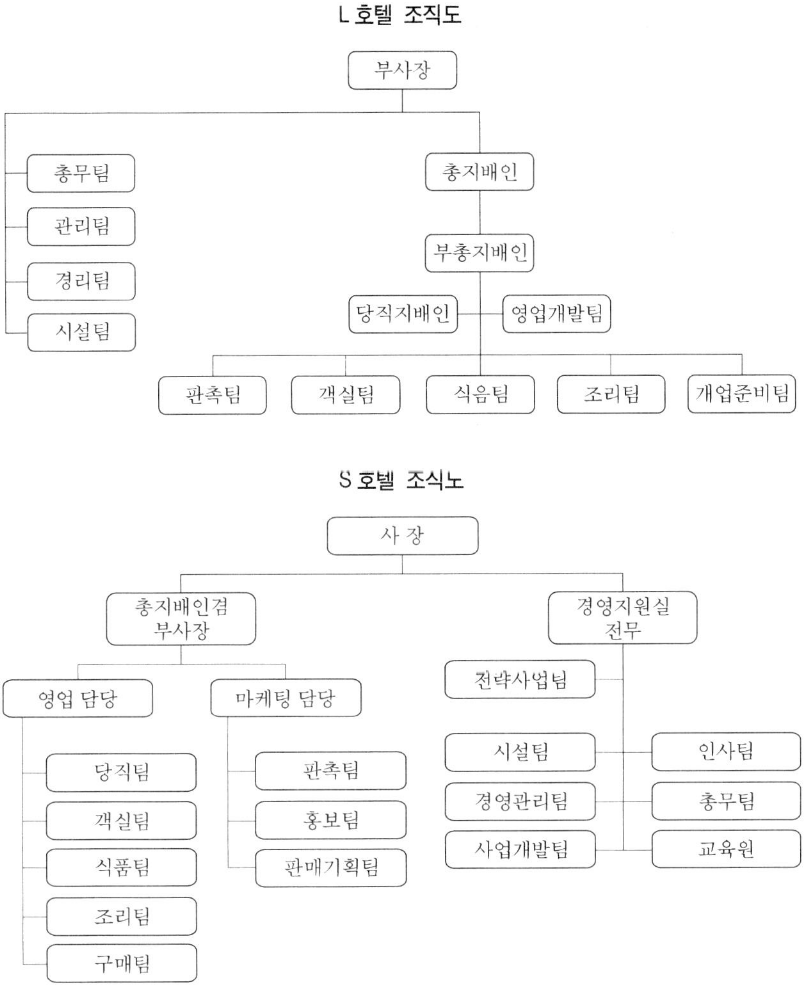

그림 4-1. 호텔조직도

3) 식음료 원가관리 조직

관리의 필요성이나 관리조직은 경영규모나 운영의 형태에 따라서 상당한 차이를 보인다. 그러나 효율적 관리를 위한 원리만은 규모에 관계없이 적용되어야 한다.

(1) 대규모의 식음료 사업

- 전문적인 관리담당자가 필요 : 식음료 관리자(food and beverage controller)라 칭함.
- 직무책임은 집행이 아니라 식음료 원가 책임자들이 능률적으로 식음료사업을 운영할 수 있도록 도와주는 staff의 역할
- 식음료 원가의 최종 책임자 : controller가 아닌 F & B manager

(2) 소규모 식음료 사업

- 전문스태프를 둘 필요성이 적다. 관리업무는 라인관리자들 스스로가 스태프의 조언이나 협력 없이 수행
- 식음료 지배인 또는 식당경영자가 일선 감독자와 함께 원가관리 업무를 수행(사후검토 및 생산계획을 수립)

(3) 식음료 관리자(food and beverage controller)

- 회계사가 많으며, 지배인이 계획을 수립하는데 지침이 되는 각종 통계자료 및 정보를 제공해서 효율적인 직무수행이 되도록 돕고 있다.
- 컨트롤러의 중요한 직무는 예측의 기능 : 과거의 자료로 미래의 고객을 계수적으로 예측, 이것을 근거로 식음료 경영자는 식음료의 소요량 및 노동력을 결정하고 대비할 수 있다.
- 예측의 정확성정도에 따라 원재료의 구매 및 준비를 통하여 원가관리를 하게 되어 고객에게 양질의 식음료와 서비스를 제공하고, 호텔이익을 달성할 수 있다.
- 컨트롤러의 또 다른 기능은 원가관리 기능 : 지속적인 수익의 창출을위해서는 매일의 식음료 구매비 및 매출, 재고출고 상항 등

을 기록하고 식음료 원가율(food cost ratio)을 산출해야 한다.

- 경영성과를 관찰, 분석하여 이상이 발견되거나 부적절한 것으로 판단될 때는 다음과 같이 원인을 규명하여 개선책을 마련해야 한다.
- 과도한 구매비 : 단가, 수량에 대한 총액, 총계의 관점에서 구매주문서(requisition)에 기재된 각 품목을 점검
- 부정직한 검수활동 : 계량기구나 척도가 올바른지 점검, 품질의 균일성여부를 판단하기 위하여 품목별로 점검, 물품대금청구서(invoice)나 검수슬립(receiving slip)의 변경사항에 대해서 delivery man과 receiving

clerk의 사인이 올바른지 점검, 주문과 상이하거나 배달되지 않은 식음료 재료 등을 처리가 잘되고 있는지 점검

- 결정된 표준단위 몫의 실행여부 점검
- 실패품의 증가여부를 점검
- 종업원 급식에 대한 관리부족여부를 점검
- 진부하거나 낭비가 많은 조리방법인가를 점검
- 표준조리법 자체의 실패여부를 살핀다.
- 부적당한 방법에 의해 식료창고가 관리되는지 점검
- 소홀한 서비스 제공 여부를 점검

4) 호텔식음료 경영의 특징과 관리의 복잡성

(1) 생산성의 제약

① 생산의 자동화가 어려운 제한점 : 호텔 식음료 서비스는 주문생산에 의하므로 기성제품을 상품화 할 수가 없다.

② 시간적인 제한점 : 매장인 식당에서 주문 후에야 음식을 만들고, 신속한 서비스를 위해서 단시간 내에 완전한 제품으로 조

리해서 고객에게 서브해야 한다.

(2) 식음료 부문의 특징

① 부패성이 강하다

② 업장의 다양화 : 다양한 부대시설을 호텔의 규모와 등급, 위치 등과 같은 각 호텔의 특성과는 상관없이 법으로 정해진 부대업장을 의무적으로 갖추어야 했다.

③ 조직의 비대화 : 주방과 레스토랑 조직의 규모는 부대업장의 수에 비례하며, 식음료부서 종사원수가 전체의 과반수를 넘는다.

④ 일반고객에 대한 높은 의존도 : 투숙객이 아닌 일반 내국인

⑤ 수입 management에 대한 높은 의존도 : 식음부분은 외국인에 의해 관리되는 정도가 다른 부문에 비해 훨씬 높다.

⑥ 수입식료와 음료에 대한 높은 의존도 : 식료와 음료의 대부분은 국내산이 아닌 수입산에 의존

⑦ 수입 Equipment와 Utensil에 대한 높은 의존도

⑧ 생산방식의 경직성 : 식재료구매 → 검수 → 저장 → 출고 → 사전준비 →생산 → 판매의 과정

⑨ 생산지향적인 메뉴관리 : 메뉴를 오직 생산지향적으로만 관리하는 추세→ 원가상승을 초래

⑩ 재고관리의 중요성에 대한 인식의 부족 : 예측과 par stock 관리와 같은 재고관리기법의 결여로 미숙한 재고관리수준을 보인다.

⑪ 인건비와 식료원가에 대한 높은 비중

⑫ 낮은 관리수준 : 식재료구매 → 검수 → 저장 → 출고 → 사전준비 → 생산 → 판매→ 평가와 분석→ feedback의 일련의 과정으로 관리영역은 시작도 끝도없는 순환의 과정

⑬ 형식적인 평가와 분석 : 분석하고 평가하는 조직과 인원이 빈약해 주어진 틀에 수치만 채우는 양상

⑭ 높은 감가상각 비율 : 기물과 장비가 고급스러우며, 교체주기가 빨라져 관리, 유지비용이 높아지고 있어 감가상각의 비율이 높아지고 있다.

⑮ 낮은 순이익 : 선진외국과 비교할 때 순이익이 낮게 나타나는데 이는 낮은 생산성과 높은 관리비용에 기인한다.

16 비싼매가 : 매가를 산출하는 기교가 결여되어 있어 원가의 상승 요인을 고스란히 고객에게 전가하여 판매가가 높다.

(3) 인적서비스의 의존도

① 호텔의 상품은 양질의 물품 외에 양호한 서비스가 이루어질 때 완벽한 상품의 기능을 수행

② 식음료 상품도 마찬가지로 숙련된 많은 인력이 필요하므로 이것이 과다한 판매비용으로 작용

(4) 메뉴에 의한 판매

① 업장에서 대인적 판매 외에도 카탈로그의 메뉴에 의하여 판매(현물전시가 안된다)

② 메뉴의 계획과 작성 및 관리가 중요하고, 이것을 이용해서 구매시점 광고를 할 수 있다.

③ 메뉴에 대한 새로운 인식으로 메뉴 내용 못지않게 형식이나 모양에 대해서도 연구가 활발하다.

이상의 제특성은 유리한 점보다 불리한 측면이 강함으로, 호텔경영에 있어서식음료 원가관리의 필요성은 절대적이다.

STO
RCL
%
DSP
INPUT

Chapter 5.
식음료의 구매관리

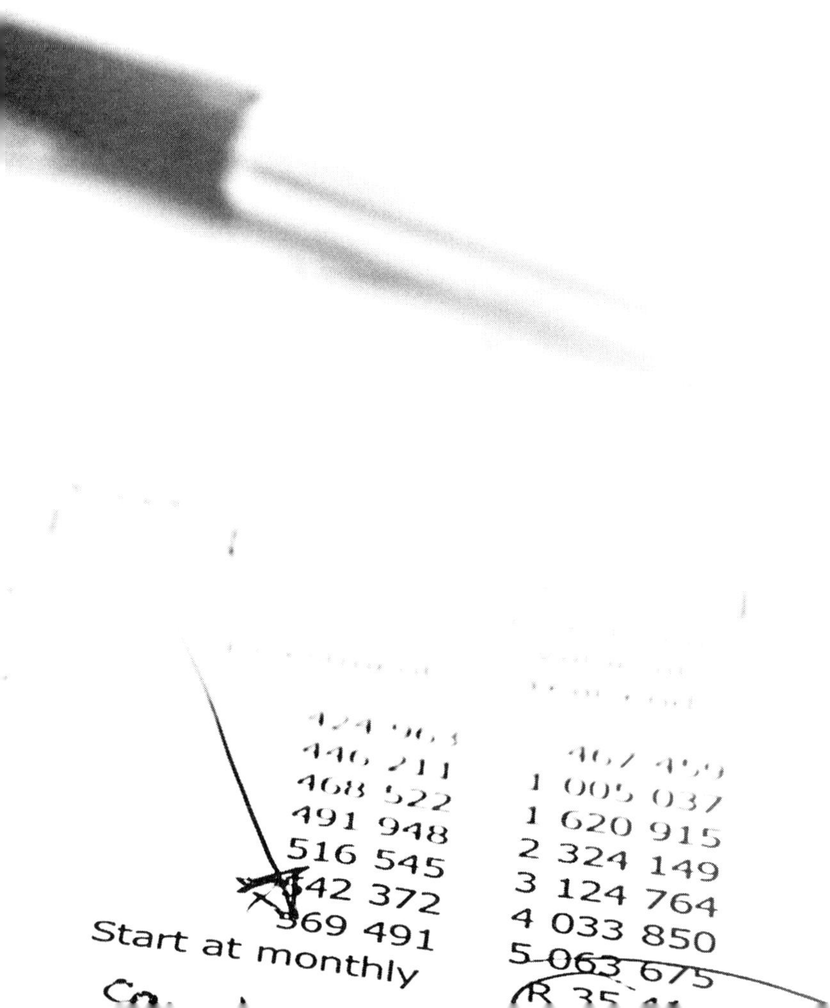

호텔 및 외식산업에서 물품 구매와 관련한 업무는 구매관리, 검수관리, 창고관리 및 원가관리로 나눌 수 있으며, 이들은 그림에서 보는 바와 같이 여러 부서가 서로 유기적으로 관련되어 있다.

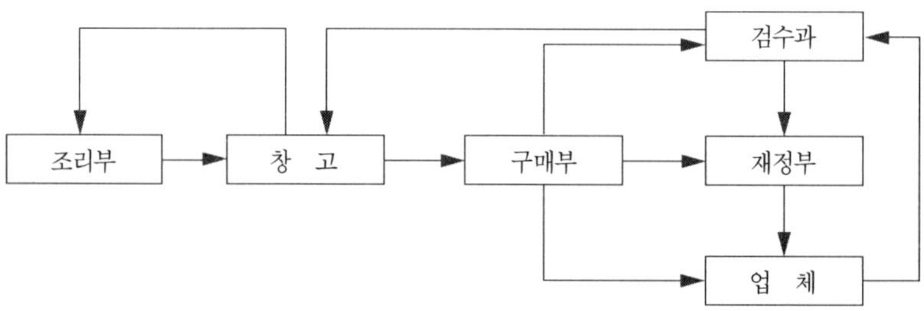

그림 5-1. 호텔의 구매과정 흐름

일반 식음료재료의 구매 |01|

1) 구매신청서 작성

물품을 사용할 부서에 물품 구매에 대한 필요성을 인식하게 되면 가장 먼저 구매부서나 취급업체에 문의하여 정확한 품명이나 사용목적, 예상가격 등을 조사한 후 경제적 수량을 산출한다.

그 후 구매신청성(Purchase Request)에 작성일자, 신청부서, 신청자, 품명, 신청수량, 도착희망일자, 규격, 용도, 예상금액, 취급업체, 기존 구입현황 등을 기재한 후 참고 자료나 도면 등을 첨부한다.

표 5-1. 일반 식음재료의 구매절차

순서	업무내용	담당부서
1	구매신청서 작성	사용부서
2	예산통제	구매팀
3	구매신청서 접수	
4	견적서 접수	
5	업체선정	
6	발주	
7	납기관리	
8	검수	검수팀
9	납품	납품업체
10	대금 지급	재정팀

그렇게 하여 구매신청서가 모두 완성되면 신청부서 부서장의 결재를 받은 후 총지배인의 결재를 받아 사내우편함을 이용하거나 직접 구매팀으로 제출한다. 이 경우 중요한 품목에 대해서는 총지배인의 결재를 받기 전에 재정팀에 보내어 예산통제를 받아야 한다.

2) 예산통제

구매신청서에 기재된 물품이 회사규정에 의해 구매예산에 대한 통제를 받아야 하는 다음의 항목에 속하는 물품들은 구매팀으로 접수하기 전에 예산통제부서에서 예산에 대한 통제를 받는다.

표 5-2. 예산통제항목

항 목	내 용
Operating Equipment (집기류)	호텔의 영업을 위해 직접 필요한 자산 (Ware, Linen, Uniform)
FF & E (고정자산)	장기간에 걸쳐 효익이 발생하는 자산 (Furniture, Fixture, Equipment)
Special Project (특별프로젝트)	특별히 많은 경비가 소요되는 건

3) 구매신청서 접수

구매신청서가 구매팀에 도착하면 구매팀의 사무담당자는 결재누락, 예산부족, 사양불명, 카탈로그나 견본의 첨부여부 등을 검토하여 접수하거나 반송사유를 기재하여 반송시킨다. 접수시에는 순서에 따라 구매신청서에 접수일자를 기재하여 총 4장 중 사본 1장은 신청부서에 보내고 나머지는 접수한다.

구매팀 사무담당자는 매일 당일의 구매신청서를 모아 구매팀장의 결재를 받은 후 구매담당자들에게 배부한다.

이 때 구매팀장은 긴급한 물품의 경우에는 담당자에게 우선적으로 처리토록 지시하고, 중요하거나 금액이 큰 경우에는 별도의 계약을 하거나 시장조사를 하게 지시하기도 한다.

구매담당자는 구매신청서를 검토하여 최종적으로 구매할 브랜드, 경제적 수량, 품질, 사양 등을 결정한다.

또한 구매금액이 소액으로서(통상 3만원 수준) 긴급한 구매를 할 필요가 있다고 판단될 경우에는 청구부서 직원으로 하여금 소액현금전표(Petty Cash Voucher)를 이용하여 구매부서의 전도자금으로 우선 구매토록 할 수도 있다.

■ 소액현금전표 사용절차

① 청구부서에서 기재내용을 작성하여 부서장과 재정팀장, 총지배인의 결재를 받는다.

② 구매팀에서 확인을 거친 후 구매전도자금(fund)을 지급받는다.

③ 청구부서에서 직접 구매하고 업체로부터 물품 및 영수증 등의 제반서류를 받는다.

④ 물품 및 영수증 등의 제반서류를 지참하여 검수담당자에게 검수를 받는다.

⑤ 물품을 사용하고 영수증 등은 대금지불담당자에게 제출한다.

⑥ 재정팀에서는 정기적으로 대금을 구매팀에 지급한다.

4) 견적서 접수

구매신청서에 근거하여 구매담당자는 평소의 납품실적이나 시장조사 결과등을 통해 파악된 업체들을 대상으로 3개 이상의 견적서를 받는다. 단, 독점이거나 기존가격과 동일한 경우 등 복수견적이 불가능한 경우에는 단일견적도 가능하다. 또한 구매예상금액이 소액일 경우에 회사의 전결규정에 따라 단일견적으로 처리하는 경우도 있다(3만원, 10만원 이하 등).

업체에서 견적서를 제출할 때는 업체명, 대표자, 사업자등록번호, 작성날짜, 품명, 수량, 규격, 단가, 총금액, 부가세, 납품기한 등을 기재한다.

5) 업체선정

견적서가 모두 도착하면 업체별, 품목별로 기존의 납품단가나 시장조사 등을 통해 파악한 단가와 비교한다. 그 결과 상대적으로 낮은 단가나 가격을 제시한업체 1~2곳을 대상으로 단가나 총액에 대해 Nego를 시도하여 그 결과에 따라 다른 조건이 동일한 경우 통상 단가나 총액이 가장 낮은 업체를 납품업체로 선정한다.

6) 발주

업체선정이 끝나면 발주서(Purchase Order)를 작성한다. 발주서에는 다음 사항을 기재한 후 필요서류를 첨부한다.

- 기재항목 : 구매신청서번호, 발주일, 발주서번호, 청구부서명, 납품업체명, 품명, 수량, 단가, 부가세, 발주총액, 납품기한, 지불조건, 분할납품여부 등
- 첨부서류 : 구매신청서, 견적서, 사양서, 카탈로그 등

발주서를 완성한 후에는 다음의 순서에 따라 상급자의 결재를 받는다.

- 결재순서 구매담당자 → 구매팀장 → 담당임원 → 총지배인 → 사장

업체의 전결규정에 따라 일정금액 단위로 결재를 생략하는 경우도 있다.

ex) 30만원 : 구매팀장, 100만원 : 담당임원, 500만원 : 총지배인, 그 이상 사장까지

발주서의 결재가 완료되면 구매담당자는 지체없이 업체에게 발주서를 보냄으로써 발주한다. 발주의 방법으로는 직접 하거나 전화 또는 팩스로 하는 방법이 있으며 통신수단의 발달로 점차 인터넷을 통한 방법을 사용하는 기업이 늘어날 것으로 예상된다. 이때 납품조건이나 납품기한 등 특별한 사항을 주지시킨다.

또한 발주서를 분해하여 검수, 창고, 청구부서, 원가관리부서 등으로 보낸다.

구매팀에서는 발주서 원본과 견적서 등의 제반서류를 발주서 번호순으로 별도로 보관하고 사본은 각 구매담당자가 납기관리용으로 사용한다.

만일 발주금액이 일정금액 이상으로 크거나 특별히 중요한 건으로 판단되면 별도로 계약을 체결하여 계약 불이행이나 하자의 발생에 대비한다.

7) 납기관리

구매담당자는 매일 발주서 사본을 납품기한별로 정리하여 관리하며 검수팀에서 접수된 거래명세표에 의거하여 납품여부를 확인한다.

중요한 물품의 경우에는 납품당일 검수팀에 가서 직접 확인한다. 납품기한을 지체한 경우에는 납품을 독촉하거나 지체사유를 확인하여 지체없이 이에 대한 대책을 수립, 조치한다.

8) 검수

업체가 납품을 위해 물품을 검수팀에 도착시키면 검수담당자는 발주서와 거래명세표, 세금계산서 등의 제반서류를 검토한 후 물품에 대한 검수를 실시한다. 자세한 검수절차는 검수관리에서 설명한다.

9) 납품

검수를 마친 물품은 업체직원이 사용부서나 창고로 운반한다. 업체직원은 물품을 인도함과 동시에 거래명세표에 서명을 받아 검수팀에 제출한다.

10) 대금 지급

납품과 동시에 검수담당자로부터 발주서, 거래명세표, 세금계산서를 받은 납품대금 지불담당자는 일정기간 동안의 업체별 납품대금을 정기적으로 지급한다.

대금지급사례

- A 특1급 체인호텔 : 매월 다음달 말일에 수표로 지급
- B 특1급 Local호텔 : 매월 3회 지불, 단 1천만원 미만은 현금으로 그 이상은 한달 어음으로 지급

|02| Daily 식음재료의 구매

Daily 식음재료의 구매절차는 표 5-3과 같다.

표 5-3. Daily 식음재료의 구매절차

업무 진행순서	업무내용	담당부서
1	견적서 접수	구매팀
2	단가계약	
3	Market List 작성	조리팀
4	Market List 접수	구매팀
5	발주	
6	납기관리	
7	검수	검수팀
8	납품	업 체
9	대금 지급	재정팀

1) 견적서 접수

구매담당자는 Daily 식자재에 대해 시장조사결과 및 과거의 업체 실적 등을 참고하여 품목별 우수업체 2개 정도를 선정하나 후 사전에 호텔에서 필요로 하는 품목별 리스트의 제시와 함께 통상 한달을 2~3회로 나누어 그 기간 동안은 납품단가를 변경하지 않을 조건으로 사전에 견적서를 받는다.

2) 단가계약

견적서상에 기재된 업체별 단가를 품목별로 비교하여 낮게 제시한 업체를 그 품목에 대한 납품업체로 선정한다. 이때 기존단가 및 시장조사 등의 결과를 참고하여 업체와 협의하여 단가를 조정할 수도 있다.

이러한 결과를 서류로 작성하여 상급자의 결재를 받게 되면 일정기간동안 업체는 시장상황과 관계없이 고정된 단가로 납품할 권리와 의무를 지게 되며, 이를 단가계약이라고 한다.

결재순서 구매담당 → 구매팀장 → 담당임원 → 총지배인

---

3) Market List 작성

각 주방에서는 다음날 필요한 식자재에 대해 매일 오후 2시경부터 Market List를 작성한 후 소속주방장과 총주방장의 사인을 받은 후 구매팀에 제출한다. 최근에는 전산시스템의 발달로 조리사나 영양사가 각 주방에서 신청한 Market List상의 신청품목을 조리부 사무실에서 직접 입력하는 경우도 있다.

Market List 기재항목 납품예정일, 품명, 수량, 기타 요구사항 등

---

4) Market List 접수

Market List가 구매팀에 도착하면 구매팀 사무담당자는 결재누락, 사양불명 등을 검토하여 특별한 사유가 없으면 접수하여 구매팀장의 결재를 받은 후 Daily 식자재 담당자에게 배부한다.

5) 발주

Daily 식자재 담당자는 Market List를 접수하면 오후 4시경에 품목별로 단가가 저렴한 업체를 골라 Market List상에 발주업체와 납품단가를 기재하여야 하며 사본은 검수팀에 넘긴다.

발주는 전화, 팩스, 메일로 하며, 최근에는 구매담당자가 호텔의 홈페이지를 통해 납품업체를 선정해 주기도 한다.

이때 업체별 단가가 동일한 품목의 경우는 가능한 당일 발주량이 적은 업체에 발주하여 균형을 유지하도록 한다.

만일 다음날이 공휴일인 경우에는 전전날에 2일분을 동시에 발주하고, 토요일에는 월요일분을 발주한다. 또한 Market List에 의한 발주가 끝난 후 주방의 긴급한 사정으로 추가적인 주문이 필요한 경우에 주방에서는 긴급구매신청서(urgent order)를 작성하여 총주방장까지 결재를 받은 후 구매팀에 제출하면 구매팀에서 긴급히 발주를 하여 납품이 되도록 조치한다.

6) 납기관리

구매담당자는 발주를 한 후 발주한 물품들이 정해진 날짜나 시간에 이상없이 납품이 될 수 있도록 항상 관심을 갖고 수시로 확인해야 한다. 만일 발주당시 또는 사후에 납품이 불가하다는 업체의 연락을 접하면 즉시 업체에 경고하고 경쟁업체에 Nego하여 발주하며, 이러한 경우가 반복되는 업체와는 향후 거래를 자제한다.

7) 검수

업체가 납품을 위해 물품을 검수팀에 도착시키면 검수담당자는 Market List와 거래명세표, 세금계산서 등의 제반서류를 검토한 후 물품에 대한 검수를 실시한다.

8) 납품

검수를 마친 물품은 업체직원이 각 주방으로 운반한다. 업체직원은 물품을 인도함과 동시에 거래명세표에 서명을 받아 검수팀에 제출한다.

9) 대금 지급

납품과 동시에 검수담당자로부터 거래명세표와 세금계산서를 받은 지불담당자는 일정기간 동안의 업체별 납품대금을 정기적으로 현금 또는 어음으로 지급한다.

03 구매 명세서

구매 명세서(purchasing specifications)는 구매하고자 하는 제품, 구매할 때의 상황 및 조건을 자세하게 명시한 양식(표)이다. 구매 명세서에는 제품구매에 대한 기업의 표준과 원칙이 포함된다. 이 표준과 원칙들은 기업의 이미지, 메뉴, 가격, 고객의 욕구에 의하여 수립된다. 또한 구매 명세서들은 메뉴와 마찬가지로 판매시장분석(market analysis)에 의해 좌우된다. 예를 들면, 햄버거는 고객이 구입하는 장소(고속도로 휴게소 또는 값비싼 레스토랑)에 따라 크기와 양이 달라지게 될 것이다. 다시 말해 판매시장에 따라 지방함유량, 가격, 품질유지의 일관성, 형태 그리고 메뉴제공(생산과 서비스)의 속도 등과 같은 표준이 달라지게 된다.

실제로, 구매 명세서는 모든 이해당사자들과 함께 수립된다. 요리사와 고객은 식재료의 품질에 만족해야 하며, 납품 스케줄 준수, 계산절차를 포함한 회계 및 원가 등의 관리적 측면 등을 만족시켜야 한다. 이러한 표준은 계속적으로 재검토 되어지고 상황 변화에 따라 바뀌게 된다. 이렇듯 표준이 새롭게 갱신될 때마다 명세서는 새롭게 작성되어야 하며, 잠재적인 납품업자들에게 발송되어져야 한다. 그리고 납품업자들은 표준 구매 명세서에 따라 각자의 제품 견본을 제출할 수 있어야 한다. 이것이 바로 공개적인 입찰 방법이다.

기업에서 사용할 구매 명세서를 결정하고, 요구된 제품과 그것을 납품한 업자들을 평가하기 위해 다음 요소들을 고려해야 한다.

- 품질(quality) : 가격, 분위기, 이미지를 기본으로 하여 고객이 어느 정도의 품질수준을 기대하는가? 각 납품업자는 어느 수준의 품질을 제공하는가? 납품업자의 제품을 시험할 때, 낮은 품질로 인해 전체 무게 가운데 사용할 수 없는 양(손실량)이 많은가? 대부분의 생산율(yield) 결과는 업자로부터 제공받는 제품의 결점이나 품질에 좌우된다.
- 수량(quantity) : 업장은 해당제품이 얼마나 필요한가? 납품업자는 해당제품을 얼마나 제공할 수 있는가? 우리의 필요량과 부합하는가? 만약소량의 용기(상자)나 포장상태(전체제품이 아닌 일부제품만 주문하는 경우)로 주문할 경우, 납품업자는 부가적인 비용을 요구하는가?
- 일관성(consistency) : 납품업자는 해당제품을 일관되게 제공할 수 있는가? 이를 보증하는가? 타제품으로 대체나 제품 반납에 있어서 업자의 방침은 어떠한가?
- 신뢰성(reliability) : 제품과 납품 스케줄에 관하여 납품업자를 얼마나 신뢰할만한가? 그들에 대한 신용조회나 보증이 가능한가?
- 가용성(availability) : 납품업자로부터 계절성 제품을 구입할 경우 어느정도의 가격변동을 기대하는가? 각 납품업자들은 원하는 수량을 정확하게 제공할 능력이 있는가?
- 공급자서비스(supplier service) : 납품업자는 납품량 부족에 대한 신속한 통지와 같은 서비스를 제공하는가? 기술적인 지원이 가능한가? 납품업자는 거래처의 서비스 불만에 대해 적시에 관리할 수 있는가? 납품업자에게 필요한 서비스를 요구할 수 있는가? 특별한 주문이나 납품을 요구할 수 있는가? 주문 시기나 배송 횟수가 적절한가? 납품업자는 안전한 납품을 위해 냉동 차량을 보유하고 있는가?

– 안전성(safety) : 납품업자의 제품은 식품안전에 관련한 법에 의해 가공 처리되고 있는가? 실사를 목적으로 업자의 시설을 방문할 수 있는가? 주문제품에 대해 특별한 안전상의 요구조건이 있는가?

– 가격(price) : 납품업자의 가격은 경쟁업체에 비해 낮거나 동일한가? 업자가 가격인하를 수락하거나 혹은 대량 구매에 따른 할인을 제공하는 가? 표적시장에 부과할 수 있는 판매가격을 고려할 경우, 업자의 납품가격은 이윤으로 환원될 수 있는 수준인가(납품가격수준이 이윤추구에 적합한가)?

1) 제품정보

표 5-4. 제품정보 차트

A	B	C	D	E	F	G	H	I	J	K
메뉴 번호	제품	Case	상표	Case 단가	절정 보유 수준	보유 수량	주문 수량	납품처 A가격	납품처 B가격	납품처 C가격
	Pasta									
4125	Pasta Capellini	20/1#	Packer	23.69	20					
5387	Pasta Fettucini Nest	20/1#	Packer	21.74	20					
3883	Pasta Fusilli D.C.	20/1#	Packer	25.00	20					
4122	Pasta Lasagne	10#	Packer	9.68	10					
4123	Pasta (A) Linguine #7 IMP	20/16oz	Packer	27.18	20					
	Rice and Grain									
3846	Rice Calico Blend	2#	Packer	6.80	2					
5654	Rice Jasmine Blend	2LB	Packer	2.55	1					
4698	Rice Risotto Carnarole	12/2#	Packer	52.66	12					
4912	Polenta Beretta Fast Cook	17oz	Packer	1.18	1					
3341	Rice Fried VGTRN CKD	8/3LB BAGS	Packer	52.67	8					

표 5-4에서처럼, 제품정보(product information)를 기술하는 것이 왜 구매담당 매니저에게 중요한지 설명하기 위해서 가격 명세서, 품질, 수량을 중점으로 논의할 필요가 있다. 표 5-4와 같은 제품정보 차트가 완성되면 제품가격 정보의 수집을 위해 구매담당 매니저는 가능성이 있는 업자들에게 그 차트를 보내게되며, 업장형태에 따라 필요한 아이템을 명시한 유사 차트를 만들 수도 있다. 표 5-4에

서는 오로지 하나의 상표만을 나타냈지만, 실제로 구매명세서를 작성할 경우 다양한 상표가 포함된다.

제품의 생산지역 정보 등 다양한 제품의 정보가 담겨져 있는 상표는 납품업자별로 납품 수량(quantity packaging), 가격, 품질 차이를 분석하고 비교하는데 중요하다. 예를 들면, 딸기는 상표나 재배지역에 따라 맛과 가격, 포장이 다양하다. DRISCO 상표의 딸기는 캘리포니아에서 자라는 반면 New Zealand 상표는 뉴질랜드에서 생산되어 뉴질랜드로부터 수입한다. 상표가 다르게 되면 기본적으로 상자당 수량과 함유량이 다른 포장용기에 제공되는 까닭에 다양한 상표를 운영하고 있는 납품업자들은 제공하는 제품별로 포장, 가격, 품질의 차이에 관련된 정보를 정확히 알고 있어야 한다.

표 5-4의 문자열 I, J와 K에 나타난 비용과 업자별 가격정보는 내부용임에 주의하자(다시 말해 이것은 납품업자와 공유되는 것이 아니다).

2) 품질 명세서

품질은 제품이 구매자의 욕구(Needs)에 얼마나 잘 부합되는가 정도를 나타내는 척도이다. 제품이 어떤 용도로 사용되는지 그리고 어떻게 가격이 설정되는지를 반드시 평가해야 한다. 식음료 서비스 운영과 관련된 모든 사람(e.g. 납품업자, 구매담당자, 요리사, 레스토랑 매니저, 고객)들은 품질에 대해 다른 견해를 가지며, 이러한 모든 의견들이 제품의 선택에 반영되어야 한다. 구매담당자는 모든 관련자들과 협력해야 하고, 고객만족을 유념하여야 하며, 끝으로 관련자들의 요구에 부합하는 그런 표준 품질 명세서(quality specifications)를 작성해야 한다. 그 다음 이 명세서는 잠재적인 납품업자들에게 제공되며, 납품업자들은 제품 견본을 보내게 된다. 이러한 과정을 볼 때, 초기부터 납품업자와 품질명세서에 대해 의사소통을 하고 문서화된 품질 명세서를 제공하는 것은 현명한 일이다. 납품업자가 구매자의 니즈를 정확히 알고 있음으로써 원활한 구매진행을 할 수 있기 때문이다.

구매 명세서에 대해 검수직원을 훈련시키는 것은 품질 통제를 위해 필수적이다. 감수 직원들은 기준에 맞지 않은 제품에 대해 거부하는 방법을 알아야 한다. 품질을 입증하는 또 다른 방법은 주문한 제품을 보내기 전에 업자로부터 주문 확인서를 보내도록 요청하는 것이다. 주문 확인서는 실제 주문한 내용과 맞는지 확인하기 위해 사용되며, 이런 확인방법을 통해 잘못된 제품이 보내지기 전에 주문 불일치를 바로 잡을 수 있다. 예를 들어, extra virgin olive oil을 주문하고 주문 확인서를 통해 사전에 확인한다면 업자가 virgin oil을 보내는 일은 발생하지 않을 것이다.

납품업자는 종종 무료로 회사에 견본제품을 보내기도 하며, 이러한 제품 견본에 의해 구매 담당자(혹은 요리사와 레스토랑 매니저)는 품질 테스트를 할수도 있다. 또한, 견본제품은 제품 생산율 시험에도 이용되며, 이러한 생산율 시험은 제품이 구매 명세서상의 상세한 표준과의 일치여부를 결정한다. 특히, 아이템이 부패하기 쉬운 것이라면 가능한 빨리 제품견본을 테스트하는 것이 중요하다. 이때 고객에게 제공한기 위해 일반적으로 이용되는 조리방식에 의해 테스트해야 한다. 예를 들어, 제품이 고객에게 서빙되기 전 스팀 테이블(steamtable)에 두 시간 보관되는 것이라면 동일한 조건에서 테스트되어야 한다. 만약 제품이 사용되기 전 냉장고에 2일 보관되는 것이라면 마찬가지로 사용되기 전 냉장고에 2일 보관한 후 사용해야 한다. 납품업자들로부터 제공되는 다양한 제품에 대한 품질 비교와 원가 평가는 생산율 시험 결과에 의해 최종적으로 결정된다.

3) 수량 명세서

선정된 납품업자로부터 한 번에 구매되는 제품 수량과 빈도는 기업(레스토랑)의 소비량(consumption volume) 또는 주문량이 얼마나 빨리 사용되어지는가에 따라 달라진다. 비록 레스토랑 매니저가 얼마나 빨리 아이템이 소비되는지를 조사하지만, 구매 관리자는 재고조사 스케줄을 수립하여 필요 주문량을 결정하여야 한다. 또한 구매담당 관리자는 필요재고수준(par level)과 이용수준(usage level)을 수립해야 한다. 요리사나 업장매니저가 필요한 것을 인식할 때, 그들은 구매담당자에게 표준화된 방법으로 필요한 물품에 대한 구매주문을 요청한다. 재고와 주문에 관한 표준화된 방법이나 원칙은 구매담당자로 하여금 업장의 요구를 이해하고 주문 업자를 실행에 옮기도록 하는데 필수적인 기능을 한다. 그리고 주문량을 결정하기 위

해, 구매 주문시 다음 사항을 고려해야 한다

- 보유재고(inventory on band) : 보유재고는 실제로 비용을 발생시킨다. 재고를 채우기 위해 소비한 유동자산(현금)에 대한 이자를 잃게 되며, 저장 공간을 유지하고 운영하기 위한 비용(저장비용)이 발생한다. 부패한 음식 또한 순수한 손실비용이라 할 수 있다. 반면에, 고객은 자신이 구매하고자 원하는 상품을 반드시 제공받기를 원한다. 따라서 구매는 필요량 이상의 주문(비용발생)과 그 이하의 주문(품절 발생과 결과적으로 고객 불만족 초래)사이에서 섬세한 조화가 요구된다.

- 리드 타임(lead time) : 발주시점에서 납품업자로부터 제품 수령까지의 기간을 의미한다.

- 취득 비용(cost of acquisition) : 주문, 명세기입 청구서(invoice : 送狀)처리과정, 제품 배송 등에 드는 비용을 포함한다. 이것이 구매한 식음료 자체의 가치에 비해 상대적으로 작다고는 하지만, 최적 주문량을 결정하는데 감안해야 할 비용이다. 일반적으로 이 비용의 비율(전체 구매비용 대비)은 많은 양을 주문할수록 상대적으로 낮아진다.

- 대량주문 가격(volume pricing) : 하나 혹은 그 이상의 품목에 대한 추가주문은 전체적으로 구매 가격을 낮추는 효과가 있다.

- 납품업자 최소 주문량(vendor minimum order quantity) : 만약 주 납품업체가 아닌 다른 업자에게 주문을 한다면, 최소한의 수량 이상을 주문하도록 요구받을 수 있다. 즉, 배송을 할 만큼 충분한 주문이 아니라고 여기면 그 업자는 배송을 거절할 수도 있다. 따라서 업자가 제시하는 최소량의 수준이 회사에 유리한지를 고려해야 한다.

- 안전재고(safety stock) : 안전재고란 하나의 완충물이다. 즉, 재고가 모두 소진될 경우를 대비하고 주문할 시간을 벌 수 있도록 하기 위한 여분의 양이다. 예비 보유량은 일반적인 경제상황, 계절별 수요변동, 공급자의 배송조건, 레스토랑 운영에 대한 평가에 의해 결정된다. 특히, 예상치 못한 단체고객이 발행할 경우 시장으로부터의 일시적인 공급 차질 등은 안전재고 확보의

필요성을 강화한다.

적절한 재고는 원활한 직무수행을 위해 중요하다. 만약 제품을 너무 작게 주문했다면, 단위당 구매원가가 상승하고 부족현상이 자주 발생하며사무처리는 늘어나고 납품업자와의 관계가 불편해질 가능성이 있다. 한편, 과다하게 주문할 경우에도 높은 재고비용과 도난 위험부담, 높은 부패율, 저장공간의 부족 등의 문제를 초래한다.

기업에서 필요한 안전재고량을 평가하는 것은 매우 까다롭다. 이것은 아마도 아이템에 따라 또는 시즌에 따라 달라질 것이다. 기업은 제품이 얼마나 필요한지 결정하기 위해 기업의 과거 사용기록과 사업예측을 이용할 수 있다. 또한 납품업자가 주문한 제품을 배송하는데 소요하는 시간이 얼마인지를 고려해야 한다. 그러한 분석을 바탕으로 구매담당자는 충분한 안전재고량을 추정해야 한다.

제품의 안전재고량이 몇 일분인지? 발주로부터 배송까지의 시간(리드타임)이 얼마나 걸리는지? 제품의 하루 평균 사용량은 얼마나 되는지? 안전재고량의 사용시간에 발주시점에서 배송까지의 기간(리드타임)을 더한 후, 일 평균 사용량을 곱하면 주문시점에서의 재고수량이 된다.

표 5-5. 주문시점 재고 수량

제품	안전재고량	lead time	일 사용량
Onion Red 30#/케이스	1	2	20파운드
Tomato Puree #10cm	1	3	3캔

제품	안전재고량+리드타임	일 사용량	주문시점의 수량
Onion Red 30#/케이스	(1+2)	×20	60파운드
Tomato Puree #10cm	(1+3)	×3	12캔

표 5-5에 나오는 두 예는 두 가지 아이템의 일 평균 사용량과 발주-배송기간의 차이를 보여준다. 각각의 경우에서 안전재고량을 추정해보자.

주문시점은 다음과 같이 계산된다. 즉, 저장고에 붉은 양파의 재고가 60파운드 남았을 때가 새로운 주문시점이 된다.

한편, 구매 수량은 제품이 부패하기 쉬운 것인지 아닌지에 따라 영향을 받기도 한다.

4) 부패하기 쉬운 제품

이 제품은 좀 더 깊은 주의와 적절한 취급을 요한다. 이 제품들은 다음과 같은 특성을 지니기 때문에 쉽게 부패하지 않는 제품과는 반드시 다르게 취급되어야 한다.

- 계절성을 강하게 띈다.
- 자주 구입해야 한다.
- 가격이 안정적이지 못하다.

계절성을 띈다거나 부패하기 쉽다는 것은 제품이 빠르게 부패하고 품질이나 신선도를 잃기가 쉽다는 것을 의미한다. 몇 가지 예로서 신선한 생선류와 해산물, 육류, 장과류(씨 없는 식용과실), 신선하게 짜낸 주스 그리고 몇 가지 유제품류를 들 수 있다. 그것들은 오염되기가 쉽기 때문에 큰 주의를 요구한다. 따라서 이러한 유형의 제품의 경우, 미국에서는 생산지에서 다른 주(지역) 경계선을 넘어 수송하는 것이 금지되고 있다.

이러한 이유 때문에, 구매담당 매니저에게는 공급업자들이 배포하는 시장보고서(market report)에 주의를 기울이는 것이 상당히 중요하다. 일반적으로 공급업자들에 의해서 작성되는 시장보고서는 부패하기 쉬운 제품의 대부분을 차지하게 되는 농산물 및 해산물을 포함한 제품들의 현재와 미래의 제품상황 및 시장현황에 대해 알 수 있는 자료이다. 시장보고서는 수요와 공급에 영향을 미치며 결국 가격에까지 영향을 준다.

한편 부패하기 쉬운 제품을 주문하기 전, 기업에서 요구되는 수요를 예측하기 위해 식음료 관리자들은 예상되는 연회 및 특별 이벤트에 대해 점검해 볼 필요가 있다. 주문하기 전에 발주시점에서 배송시점까지의 기간(lead time)을 고려하여 필요한 주문량을 결정해야만 하며, 이러한 정확한 예측을 통해 품질 보증과 더불어 정확한 납품시기를 맞출 수 있다. 예를 들면, 생선의 품질은 주의 깊은 취급과 생선의 신선도에 따라 수명이 좌우되기 때문에 사용할 시간에 맞추어 도착하도록 주문계획을 잘 세워야 한다.

이 때 기업이 보유한 재고를 반드시 확인해야 하며, 주문하기 전 보유한 재고를 기록해야 한다. 이것이 왜 중요한지에 대해서는 다음에 나오는 예를 통해 알 수 있다.

연중무휴인 레스토랑이 있고, 오늘은 목요일 오후라고 가정하자. 레스토랑은 일반적으로 3일에 딸기 5~6 바구니를 사용하거나, 하루에 1.83 바구니를 사용한다. 오늘 연회 요리사가 월요일 행사를 위해 따로 2 바구니에 대한 주문을 요청해 왔다. 납품업체는 오직 화요일과 목요일에만 배송을 하고 주문 전날 오전 9시까지 주문해야 한다. 재고조사를 해보니 저장고에 7 바구니의 딸기가 있었다. 이미 오늘의 배송은 받았으며 주문량을 채웠다. 현재 보유한 7 바구니는 월요일의 연회 사용 전에 다 소진될 것이나, 납품업체로부터 추가배송을 받을 수는 없는 상황이다. 따라서 구매담당 관리자는 아마도 지역시장에서 딸기를 구입해야만 할 것이다. 그리고 구매담당자는 6 바구니를 주문해야 한다. 왜 6 바구니인가에 대해서는 다음의 표 5-6에서와 같이 도출할 수 있다.

표 5-5. 주문시점 재고 수량

안전재고일수 (Day of safety stock desired)	= 1일
리드 타임 (lead time)	= 5일
일일 평균 소요량	= 1.83 바구니
(5일 + 1일) × 1.83 바구니	= 11 바구니
(+) 특별 연회 사용량	= 2 바구니
(−) 수중에 있는 재고 (Inventory on hand)	= 7 바구니
따라서, 주문량은	= 6 바구니

구매를 정확하게 계획하지 못했다거나 혹은 예상치 못한 추가 구매량이 요구되었을 경우에는 지역시장에서 혹은 임시 대리업자에게 구매해야만 할지도 모른다. 이 경우, 가격은 종종 높아지며 반대로 품질은 상당히 낮을 수도 있다.

불필요한 비용을 피하기 위해 구매 계획시 이러한 점을 반드시 유념해야 한다.

따라서 회사의 방침을 세워 연회 요리사에게 화요일 저녁까지는 주문 계획을 제출할 것을 요구하여야 한다. 그렇게 하지 못한다면 구매담당자는 종종 더 좋은 가격과 조건으로 제공해주는 납품업자를 찾기 위해 노력해야 한다.

5) 부패하지 않는 제품

쉽게 부패하지 않는 제품(non-perishable products) 주문은 사용량, 저장 공간, 현금 유동성, 가격과 발주-배송기간(리드 타임)에 따라서 결정된다. 회사가 충분한 저장 공간을 확보했으나 현금흐름에 문제가 있을 수도 있다. 대량구매(전량구매)를 통해 더 좋은 가격을 협상할 수도 있으나 이러한 경우 아마도 저장공간이 제한적일 수도 있다. 가격 수준의 다양함, 납품 스케줄, 수요 및 판매 예상으로 인해 현재의 주문량은 미래의 주문량과 꽤 달라질 것이다. 이상적인 주문은 제품의 변질과 부족한 상황이 발생하지 않고 제품이 적시에 도착하도록 주문하는 것이다. 그것은 다음에 나오는 공식을 이용함으로써 이행할 수 있다.

- 수요-보유재고+리드타임(발주-배송기간) 동안의 수요+safety factor

그러나 이 공식에 포함되지 않은 상황에 주의할 필요가 있다. 예를 들어 가끔 납품업자는 최소 공급량을 제시할 수도 있으며 혹은 많은 양을 주문하면 더 좋은 가격을 제시할 경우도 있을 것이다. 이러한 상황에 가장 필수적인 것은 바로 관리자의 정확한 판단이다.

쉽게 변질되지 않는 제품의 경우, 적정재고수준(par levels)이라 불리는 것을 설정할 수 있다. 적정재고수준은 각 아이템을 위한 최소 혹은 최대 저장량을 의미하며, 이 수량들은 구매담당 관리자에 의해 결정된다. 이 수량이 결정된 후에도 재정적 상황이나 사업시즌에 따라서 조정될 수 있다. 이 기준량은 주문을 할 시점을 알 수 있게 해준다.

만약 회사의 재고관리가 자동화 되어 있다면(수동으로 할 수도 있지만 시간이 많이 소요됨) 영구재고관리(perpetual inventory)에 의해 컴퓨터를 이용하여 제품별 적정재고수준(par level)을 유지할 수 있다. 이러한 형식의 재고조사로 부터 저장공간에 있는 각 아이템의 재고량을 균형있게 유지할 수 있다. 한 달 간 구매된 수량은 (+)더해지고 출고된 수량은 (−)감하게 된다. 컴퓨터시스템의 정교화에 의존한다면 얼마의 기간을 두고 주문을 할지, 정확한 주문량은 얼마인지 알 수 있게 해줄 것이다. 물론 컴퓨터에 의해 계산된 재고와 실제재고가 같은지를 먼저 확인해야 한다.

이러한 도구나 형식은 구매 관리자의 판단을 필요 없게 하지는 않으며, 그것들은 단지 얼마를 주문해야 할지를 알 수 있도록 지원하고 지도하는 도구일 뿐이다. 각 아이템의 재고를 적정하게 유지하기 위해 오히려 일반적인 상식들이 매우 중요하다. 얼마나 자주 아이템이 바닥나는지 혹은 부패된 제품으로 버려지는지를 주의 깊게 관찰해야 한다. 매일 꾸준한 실행과 평가는 구매 및 원가관리자들이 중도를 찾는데 도움이 될 것이다.

6) 일관성

고객은 자신이 이용하고자 하는 레스토랑을 결정할 때 주요한 관심의 하나로서 메뉴의 일관성(consistency)을 중요하게 고려한다. 일관된 메뉴가 없으면 고객에게 음식을 일관되게 제공하는 것은 불가능하며 결국 고객을 잃을 가능성이 높아진다. 구매에 있어 일관성이란, 구매된 제품이 구매 명세서에 쓰인 대로 품질을 항상 똑같이 유지함을 의미한다. 일관성을 유지하기 위하여, 구매관리자는 품질의 일관성과 포장 사이즈의 일관성을 요구하여야 한다. 일관성에 벗어난 것은 반드시 검수 직원에 의해 문서화되어야 하며 구매 관리자, 요리사 그리고 식음료 업장 매니저에게 보고되어야 한다. 이러한 품질의 일관성은 공급업자의 평가에 있어서 중요한 기준이 되며, 구매계약을 종결할지 아닐지에 결정적인 영향을 미치게 된다.

제품 일관성의 확증과 감시의 출발점은 제품을 내려놓은 검수 장소이다. 예를 들어 육류나 해산물, 가금류(닭)의 검수는 경험이 없는 직원에게 맡겨서는 절대로 안 된다. 제품의 도착시 요리사는 품질의 일관성을 평가하는데 반드시 동석해야 한다. 검수 직원은 우선 무게나 개수에 의해 매입되어진 대다수의 제품의 경우 각 아이템의 무게와 개수를 철저히 점검해야 한다. 다시 말해 배송송장에 확인 도장을 찍기 전에, 배송 직원과 함께 제품의 무게, 개수 그리고 품질을 신중하게 확인하여야 하며 절대로 타협해서는 안 된다.

배송된 제품의 질이나 수량 등이 기업이 요구한 기준에 맞지 않을 경우 송장(invoice)을 조정하거나 신용장(credit memo) 쓰는 것으로 처리해야 한다. 만약 배송된 제품의 질이 기준에 맞지 않다면, 구매담당자와 요리사는 배송직원으로부터 제품을 받아서는 안된다. 기준에 맞지 않는 제품을 즉시 반품시키는 것은 업자가 다시 가져갈 때까지 원하지 않는 제품을 보관하는 것보다 현명한 결정이다. 그러나 적정 재고수준을 준수하다보면 다음 배송 때까지 그 제품이 부족한 상황이 발생할 수 있기 때문에 품질 기준을 엄격하게 수립할 필요가 있다. 예를 들어, '6-up' 과 같은 완숙된 쇠고기 대신에 '5-up' 과 같은 덜 숙성된 쇠고기의 안심부분이 배송되었다면, 납품업자에게 이를 알리고 해당업장 기준에 맞는 제품을 요구하고 부득이하게 '5-up' 을 사용하는 경우 제품 가격을 맞게 조정해야 한다. 상습적이 아닌 실수인 경우 그리고 업자가 자신의 실수를 곧바로 바로잡는다면, 장기적으로 운영상에 해를 끼치지는 않는다. 반대의 경우라면 이런 종류의 실수를 범하지 않는 다른 납품업자로 바꾸어야 한다.

제품의 일관성은 또한 계절에 따라 변한다. 예를 들면 겨울기간 딸기 거래수량이 부족하고 맛과 값에 차이가 많아지기 쉽기 때문에 계절 변화에 따라 레스토랑은 메뉴를 바꾸어야 할 필요도 생긴다. 비수기의 딸기 가격은 너무 높을 수 있기 때문에 메뉴의 가격을 올리거나 비수기에는 딸기가 들어가지 않는 메뉴를 제공할 수도 있다. 이것은 부패하기 쉬운 제품, 특히 야채 및 과일류에 있어서 폭넓게 적용된다.

또한 공급원(supplier source) 역시 일관성에 영향을 미친다. 종종 구매 관리자는 보다 유리한 가격으로 구매하기 위해 매주 다른 업자를 통해 구매하기도 한다. 이 경우 공급업자별로 포장사이즈, 상표 이름, 제품의 맛에 차이를 보일 수 있다. 동일한 납품업자조차도 제공되는 제품이 일관적이지 않을 수 있으며 혹은 인기 있는 아이템은 부족현상이 있을 수도 있다. 따라서 구매담당자와 요리사는 종종 대체제품에 대해 고려해야 한다. 이러한 과정에서 판매(서비스)매니저는 일관적이지 못한 음식의 품질과 외형에 대한 고객의 어떠한 반응에도 대응할 수 있어야 할 것이다.

일관적인 제품을 유지하는 것은 상당한 비용과 노력을 요구한다. 모든 관련자들은 비상금(예상치 못한 경영상의 변화로 인해 발생할 수 있는 비용 : contingencies)을 다루는데 유연성을 가져야 하며, 동시에 일관되게 품질을 감시하는데 협력해야 한다. 목표는 사업을 지속적으로 유지하고 이윤을 창출하는 것이다.

7) 신뢰성

비록 신뢰성(reliability)은 측정하기 어렵지만, 식음료 서비스사업 전개시 공급업체와의 신뢰를 유지하는 것은 매우 중요하다. 신뢰성은 동전의 양면과 같다고 볼 수 있다. 구매관리자가 식음료 업장의 안정된 재고와 시기적절한 공급상태를 유지하기 위해서는 공급업자에 의존하여야 한다. 반면에 공급업자는 식음료 업장이 적시에 매입 물품대금을 지불할 것이며, 구매관리자는 그들의 제품을 공평하게 다른 경쟁사와 비교 검토해줄 것이라 믿고 있어야만 할 것이다.

공급업자는 공정한 관계를 유지하기 위해 무엇이든 철저히 약속을 준수하려고 노력할 것이다. 구매관리자가 공급업자에게 할 수 있는 가장 최소한의 자세는 공정하고 적절하게 대우해 주는 것이다. 공급업자와의 신뢰성을 알아보기 위해, 현재의 공급업자가 다음과 같은 특성을 가지고 있는지 평가해보자.

- 재고보유와 배송능력 : 공급업자는 식음료 업장이 필요로 하는 것을 계속적으로 공급할 수 있어야 하며, 지속적인 배송 스케줄을 제공하여야 한다.

- 강한 재무능력 : 납품업체는 존속이 가능하고 견실해야 한다. 이것은 공급의 중단을 예방하는데 중요하다.

- 긍정적인 노사관계 : 납품업체의 근로자와 관리자 사이의 좋지 못한 관계는 불규칙적인 배송 업무와 일관되지 않은 품질문제를 야기할 수 있다. 파업이나 근로거부는 서비스에 영향을 미칠 수도 있다.

- 생산능력 : 공급업자는 외부공급에 의해 야기될 수 있는 문제를 줄임으로써 자사의 생산을 관리할 수 있고, 현실적인 생산스케줄을 계획할 수있어야 한다.
- 신용/명성 : 모든 납품업자는 다른 구매자로부터 신용/명성을 얻어야 한다. 이것은 신뢰할만한 상인으로서 경력을 쌓아가는 좋은 지표가 된다.
- 품질명세서에 대한 주의 : 좋은 납품업자와 구매자 관계에 있어 필수적인 요소이다. 이를 위해서는 구매자는 납품업자에게 정확한 구매명세서를 제공해야 하고 모든 식음료 관련 부서는 이에 대한 충분한 지식을 가지고 있어야 하며, 구매관리자와 요리사는 제품의 품질확인을 위해 공급업자의 공장을 반드시 방문해야 한다.
- 유리한 가격구조와 보상 : 구매력의 이점을 극대화하기 위해서 가격과 보상이 검토되어야 한다. 지불비용에 대한 선지급은 구매자에게 유리한 입장을 취할 수 있도록 해준다. 또한, 구매(량)를 늘려 비용을 줄일 수 도 있다(대량구매의 이점).
- 판매 지원과 기타 서비스 : 이것은 과거 업무성과와 현재의 사업관계 등 업체의 신용/명성을 근간으로 하여 이루어진다.
- 수준 높은 도덕성 : 이해관계에 있어서 갈등이 없는 상태를 의미한다.
- 기술적인 능력과 지원 : 이것은 제품이 기술적인 성질을 가진 것일 때 필수적이다.

8) 가용성

가용성(availability)은 구매단계에서 중요하게 고려되어야 할 사항이다. 식음료 제품의 가용성은 계절과 수요 그리고 공급에 의해 좌우된다. 예를 들면, 대부분의 야채와 과일은 계절성을 띠고 있다.

특히, 장과류(berry)는 계절성이 강하다. 겨울철 딸기의 불균형적 수요와 공급은 가격상승의 원인이 된다. 따라서 제품특성에 관한 깊은 지식 없이는 가용성이 증가하는지 혹은 감소하는지 이해하기 어렵다.

이러한 가용성의 모니터링과 부족량에 대한 계획은 구매관리자의 역할 가운데 하나이며, 납품업자 선정시 다음 질문을 통해 공급업자가 가지는 가용성 정도를 평가할 수 있다.

- 수량 : 공급업자는 항상 식음료 업장의 필요 수량을 충분하게 만족시킬 수 있는가? 특히, 성수기에 공급 차질 문제가 발생되는 것을 원치 않기 때문에 구매계획시 매우 중요하다.
- 이용률 : 하루에 제품을 사용하는 비율(일평균 이용률)이 어떠한가? 적정량의 배송을 위해 이 정보는 매우 중요하다. 식음료 업장이 원하는 가용성을 설정하는 것은 중요하며, 초과분의 재고를 구매하는 것은 바람직하지 않다.
- 발주-배송 기간(리드타임) : 업자가 납품하는데 걸리는 기간은 얼마나 되는가? 이것은 공급업자를 선정하는데 상당한 영향을 줄 수 있다.
- 장기간의 신뢰(헌신) : 식음료 업장은 장기적으로 공급원을 신뢰할 수 있는가? 장기적인 가용성을 고려하는 것은 식음료 업장의 지속적인 요구를 충족시키기 위해 중요하다. 식음료 업장은 부족분을 대체하기 위해 매주 새로운 납품업자를 찾아서는 안된다.
- 수송(운반) : 공급원으로부터 거리가 얼마나 되는가? 이 특성은 몇몇 환경에서 유효성이 제한될 수도 있다. 만약 식음료 업장과 먼 거리에 있다든지 혹은 배송 선택권이 별로 없다면, 구매관리자는 수송에 관해 주의 깊게 고려할 필요가 있다.

9) 공급자 서비스

공급자의 서비스 품질은 모든 제품에 대한 가격평가에 고려되어야 한다. 경쟁가격으로 구입된 제품의 품질이 획득의 효율성을 평가하기 위한 기준척도가 되는 것처럼, 공급업자 서비스의 품질 역시 업자를 선정하는 중요한 기준이 된다. 질 높은 공급업자 서비스는 기술적 지원을 제공하여 배송의 중단없이 부드럽게 운영되는 것을 돕는다.

납품업자의 서비스는 일반적으로 다음 사항의 하나 혹은 그 이상으로 구성되고 있다.

- 불평에 대한 처리 : 납품업자는 구매자 불만에 대한 즉각적인 조사를 해야 하며, 구매관리자에게 그 사실을 보고하여야 한다. 그리고 그것을 바로잡는 단계를 거쳐야 한다. 이것은 구매자에게 의미 있는 서비스이다.

- 신속한 통보 : 좋은 납품업자는 만약 문제가 생기거나 제품구입의 일상적인 흐름에 영향을 줄만한 문제가 생길 것 같다면, 구매관리자에게 미리 통지해 주어야 한다. 예를 들어 수입금지, 파업, 여러 가지 기상상태, 장비고장 등을 들 수 있다.

- 신속한 배송(어떤 희생을 치르더라도) : 통제를 넘어선 예상치 못한 사건 발생은 배송을 지연시킨다. 그러나 납품업자는 자사의 비용을 들여서라도 신속하게 배송을 보증함으로써 좋은 서비스를 유지할 수 있다.

- 오해나 불화에 대한 불식 : 납품업자는 오해나 사무적 실수에 대해 만족할 만한 조정을 하려는 의지를 보여주어야 한다.

- 기술적 지원 : 큰 납품업체는 가끔 전자구매 프로그램, 사용자 매뉴얼 그리고 회계처리를 돕기 위해 컴퓨터까지도 제공한다. 그들은 프로그램의 질을 높이기 위해 기술에 투자를 하고 있으며, 그것을 좀 더 사용자 친화적으로 만들고 있다. 그 결과 이러한 시스템을 통한 주문은 수동 주문방식에 비해 평균 25%의 시간절감을 가져온다.

- 구매보고서 : 대부분 납품업자들은 구매관리자의 요청에 따라 식음료업장의 자세한 구매기록을 제공할 수 있다. 이것은 매우 유용한 구매계획 도구가 된다.

- 고객서비스 : 납품업자는 수신자부담의 고객서비스 회선을 보유하고 있는가? 식음료 업장 운영시간 중 필요에 따라 납품업자들과 연락을 취할 수 있는가? 납품업체의 지역 판매직원은 필요에 따라 기술적 혹은 제품 지원을 원활히 제공할 수 있는가?

10) 안전성

구매관리자는 사용하는 제품의 안전성(safety)과 적합성에 관심을 가져야 한다.

구매관리자는 새로운 혹은 기존의 제품이 안전규정을 따르고 있는지를 반드시 알아야 한다. 또한 구매관리자는 장치나 설비에 필요한 개선 혹은 대체에 대한 지식도 보유하고 있어야 한다. 알면서도 혹은 부주의해서 나쁜 식음료를 제공하는 시설은 위법행위나 소송(고소) 등에 의해 법적으로 책임을 져야하기 때문이다. 이것은 법적 이슈일 뿐만 아니라 도덕적 이슈이다. 레스토랑이 제공하는 음식이 규정을 따르고 있다는 것을 입증하기 위한 최선의 방법 중 하나는 납품업자의 제조 가공공장을 직접 방문해보는 것이다.

11) 가격

구매의 목적에서, 가격은 단순히 무언가 얻기 위해 반대급부로 보상되는 비용을 의미한다. 또한, 가격은 배송되는 제품과 서비스에 대해 납품업자가 설정한 통화적 가치이다. 기본가격에 더하여 부가되는 비용은 판매시기, 할인 적용, 운송비용, 세금 그리고 보험료 등의 다양한 가격변동 요인들을 포함한다.

구매관리자는 메뉴가 계획되기 전에 가격, 비용 그리고 표적고객 등에 대해 고려해야 하며, 이러한 고려는 메뉴비용과 주고객을 위한 판매가격 결정에 반영되어야 한다. 만약 한 식음료업장이 열차식당에 음식을 제공하고 있다면, 철갑상어알(caviar)과 등심(filet mignon)과 같은 식재료는 메뉴 혹은 구매명세서에서 찾기가 힘들 것이다. 가격 평가의 목적은 제품에 대해 지불한 가격이 시장(고객의 메뉴가격인지), 식음료 서비스 산업 그리고 구입한 재료의 사용자 등으로부터 적절하게 인식되는지를 입증하기 위함이다. 또한 가격에 대한 지식은 불필요한 비용을 초래하는 구매 물품을 가능한 제거하고 분리시키기 위해 필수적이다. 구매 물품의 가격을 결정하는 것은 매우 간단할 수도 있지만, 사실 대단히 복잡한 과정이 될 수도 있다. 구매관리자는 필요한 물품에 대해 공급업자들이 어떻게 가격을 매기는지에 대해 잘 알고 있어야 한다. 일부 납품업자들은 부분적으로 소량이나 제한된 사이즈로 주문할 경우 실제로 더 많은 가격을 부과할 수도 있다. 왜냐하면 주문된 양만큼 다시 포장하는데 특별한 비용이 소요 되기 때문일 것이다. 불필요한 여분의 재고량을 보유할 것인지, 고비용을 피하기 위해 전체 케이스(case)를 구입할 것인지를 결정해야 한다. 예를 들어, 작은 사이즈의 6oz 캔 1 상자 대신에 46oz 토마토 주스를 구입하는 것이 비용효율적일 것이다. 또한 이와 같은 구매 의사결정은 사용량과 저장공간에 좌우된다.

또한 과거에 가격이 어떻게 변동했는지, 그 이유를 포함하여 가격의 이력을 잘 알고 있어야 한다. 동시에 식음료업장 매니저에게 조언하기 위해 미래의 가격을 예견할 수 있어야 한다. 따라서 구매 물품별로 가격이력에 관한 기록을 유지하는 것은 구매관리자의 주요 업무 중 하나이다.

12) 가격의 형태

구속력 있는 구매계약을 체결하기 위해서는 반드시 구매가격을 제시해야 한다. 음료와 같이 거의 고정된 시장가격을 가진 아이템의 경우, 구매주문서에 가격을 적어두지 않는다 해도 구매계약시 큰 문제가 되지는 않는다. 그러나 오해나 소송(고소)을 피하기 위해서 구매주문서를 작성할 때 원하는 것을 명확히 제시할 필요가 있다. 구매주문서에 구체적인 가격 혹은 최종가격(공급자와 구매자간의 결정가격)을 정하기 위한 기초근거를 반드시 명시해야 한다.

다양한 형태의 가격 조정이 구매담당자와 납품업자 사이에서 이루어진다. 계약가격이나 고정가격을 결정할 수도 있다. 일정 기간 동안 가격을 정하기 위해 연계 매매(hedging)를 사용할 수도 있으며, 혹은 위탁매매나 고정된 주문을 이용할 수도 있다. 이러한 방법들은 아래에서 보는 바와 같이 각각의 용도를 가지고 있다.

고정가격(firm price)은 일상(day-to-day)의 구매계약(상거래)에서 가장 보편적으로 사용되는 가격정책이다. 이것은 주문이나 계약 체결시, 구매자와 납품업자가 동의한 가격으로 물품이 배송되고 거래가 종결될 때까지 가격이 변하지 않는다는 것을 의미한다. 이 동의된 가격은 제품의 구체적인 수량, 정해진 배송 스케줄 혹은 계약 기간 내에서는 미결정된 수량에까지도 적용될 수 있다.

계약가격(contract price)은 일정한 가격에 그룹구매(group purchasing)를 하기 위한 매매약정이다. 이러한 형태의 제도는 일반적으로 주요 납품업자와의 동의하에 이루어진다. 다시 말해, 주요 납품업자란 식음료 서비스업장에 대부분의 주문 품목을 제공하는 업자를 말한다. 납품업자는 구매자의 일(日) 필요정량을 충족시키기 위해 계약된 아이템을 적정한 수준으로 보유하고 있어야 한다. 물론 이런 제도에 참여하게 된 납품업자는 반드시 구매업체(식음료 서비스 업장/기업)의 제품내역기준(e.g. 구매 품질명세서)을 만족시켜야 한다.

계약가격을 위해 입찰을 구할 경우, 구매관리자는 납품업자가 보유하고 있을 것으로 예상되는 수량뿐만 아니라 구매지침서 및 연도별 구매 예정량을 제시해야만 한다. 구매관리자는 평상시보다 더 많은 수량에 구매동의를 할 것이므로 대량구매 할인(volume discount)에 관한 협의를 진행할 수 있도록 계획해야만 한다. 원가 가산 방법(cost-plus method)은 계약가격의 한 형태이다.

원가 가산을 활용한 계약은 외식산업에서 자주 쓰이고 있다. 원가-가산방법은 납품업자의 변동적인 원가에 대처하기 위해서 고정된 비율에 업자의 원가를 더한 만큼을 지불하는 것을 의미한다. 원가에는 공급업자가 부담하는 임금, 서비스, 배송 그리고 기타 간접비 등의 비용이 포함된다. 이것은 계약서상에 명확히 규정되어져야 한다. 이런 계약은 또한 생산의 실제원가H구체적인 변상(배상)을 업자에게 상환한다고 계약상에 약속하고 있다. 일반적인 계약이 원가를 추정하기 어렵다는 높은 위험부담이 있다면, 이런 형태의 계약은 구매자(식음료 서비스 업장/기업)의 입장에서 볼 때, 매우 유익한 것일 수 있다.

원가-가산 계약을 받아들인 상태에서 구매관리자는 기꺼이 가격 인상의 위험부담을 받아들여야 한다. 따라서 이런 형태의 계약은 평판이 좋고 도덕적인업자와 체결해야만 한다. 더군다나 원가를 조절하는 일은 매우 힘이 든다. 일단 계약의 합의가 이루어지면 납품업자의 입장에서는 더 이상의 추가적인 인센티브를 얻기 힘들다. 왜냐하면 납품업자들은 계약기간동안 제품에 지불하는 가격이 얼마이든 지간에 계약의 약정에 따른 비율을 더한 원가를 지불받게 되기 때문이다.

연계매매(hedging)는 필요한 제품에 대한 고정가격을 유지하기 위해서 미래가격에 대해 계약하는 것을 의미한다. 연계매매의 이점은 가격이 오를지도 모른다는 위험부담을 피할 수 있는 것이다. 연계매매는 회사가 향후 시장가격에 관계없이 미래 제품을 위해 고정된 계약가격에 지불하는 것을 가능하게 한다.

만약 구매관리자가 가격이 오를 것을 추정한 후, 제품의 구매이력을 기초로 제 품의 미래수요를 예측할 수 있다면 연계매매는 상당히 유익한 것이다.

다음은 연계매매의 원칙을 예시하는 것이다. 회사가 향후 12개월 동안 확실한 등급의 쇠고기 안심부위 가격을 동결(고정)시키고자 한다고 가정하자. 고기의 가격은 보통 일주일 간격으로 그리고 수요와 공급을 바탕으로 변한다. 구매관리자는 우선 다음의 정보를 검토해야 한다.

- 회사의 과거, 현재 그리고 향후 소비량
- 회사의 현금흐름
- 3개 이상의 납품업체로부터의 입찰
- 가격이 오를 것이라는 위험부담과 그로 인한 손실
- 시장가격 동향

구매관리자는 연계매매 여부를 결정하기 전에 위 요소들을 고려하여야 한다. 만약 합의한 가격이 향후 시장가격보다 낮다면 회사는 비용을 절감하게 될 것이다.

04 구매시 고려사항

- 가치분석과 표준화를 적용한다.
- 월별이나 연별로 구매현황을 집계하여 보고한다.
- 중요품목이나 금액이 큰 경우에는 발주서 작성 외에 별도로 계약을 체결한다.
- 중요물품이나 반복거래 품목에 대해서는 단가계약을 통해 업무량을 줄인다.
- 특수한 물품은 현금을 지참하여 시장에서 직접 구매한다.
- 정기적으로 시장조사, 업체조사를 하여 가격동향을 파악하고 우량업체를 개발한다(올바른 납품업자의 선정과 좋은 관계의 유지 및 품질전환이나 개선).
- 업체정보지, 물가자료지를 구독하여 숙지하고 카탈로그를 수집한다.
- 구매직원에 대한 정기적인 교육훈련을 실시한다(윤리교육, 협상기술, 전시회 참관 등).
- 정기적으로 업체를 평가하여 우수업체를 포상한다.
- 수시로 업체리스트를 update한다.
- 지방호텔의 경우 고속화물로 배달되는 물품을 수령한다.

STO
RCL
INPUT
DSP

Chapter 6.
식음료의 검수관리

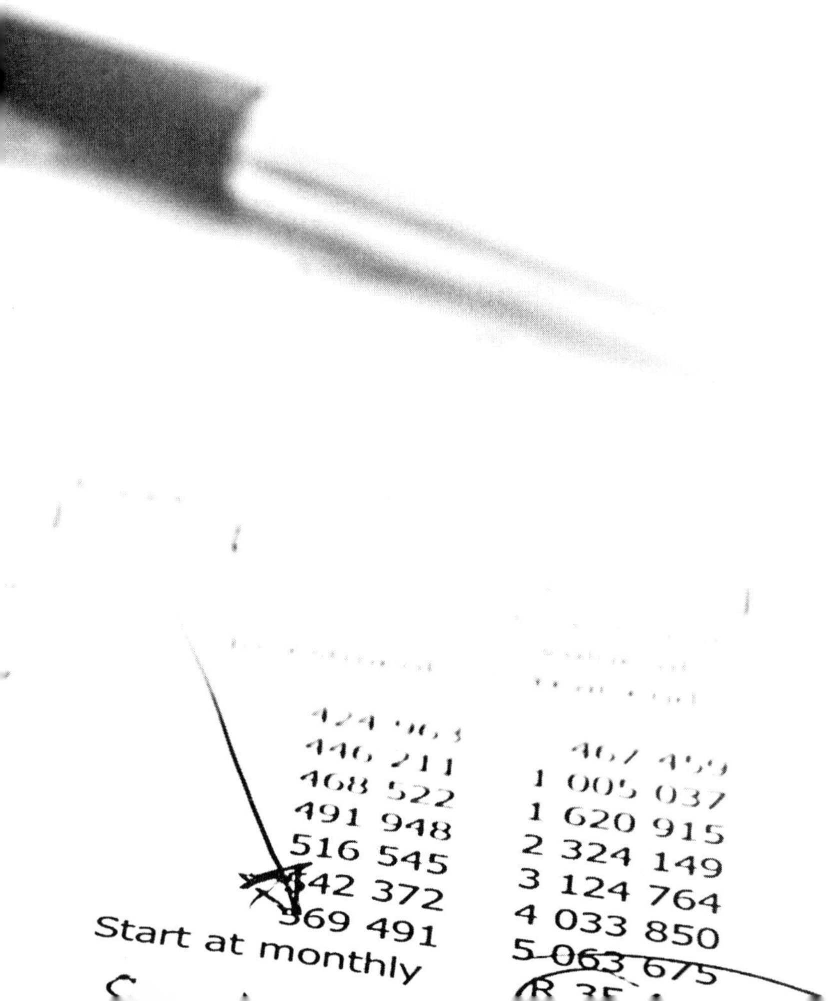

|01| 검수의 의의

1) 검수의 개념

검수란 업자가 납품하기 위해 배달한 물품에 대해 주문내용과 일치하는지를 확인하여 합격여부를 확인하는 절차를 의미한다. 호텔의 검수인원은 호텔의 규모에 따라 다르나 보통 1명에서 3명 정도이며, 검수업무는 고도의 공정성이 요구되므로 이를 보장하기 위해 특히 체인호텔의 경우는 발주부서와 소속을 분리하는 경우가 많으며, 반면에 국내호텔들은 업무의 효율성을 중시하여 같은 부서에 두는 경향이 있다. 또한 호텔의 구매물품에 대한 검수 중에서도 약 60%를 차지하는 식자재의 검수가 특히 중요한 부분을 차지한다.

표 6-1. 검수물품의 이동경로

물품의 종류		물품의 이동경로
일반자재	1회성 물품	검수 ➡ 사용부서
	반복성 물품	검수 ➡ 일반창고 ➡ 사용부서
식음자재	Daily 식자재	검수 ➡ 주방
	저장 식음자재	검수 ➡ 식자재창고 ➡ 주방

2) 검수시설

통상 호텔의 건물 뒤쪽에 종업원 출입구나 기타 물품이 들어가고 나가는 통로가 있다. 검수장소(Receiving Dock)의 위치는 호텔 물품의 반입과 반출이 이루어지는 지역에 위치하며, 차량이 진입할 수 있을 만큼 충분한 공간을 유지하고 있다.

검수실은 가능한 창고, 주방 등과 가까운 위치에 있어야 물품의 원활한 운반 및 저장이 가능하며, 따라서 가능한 같은 층에 직선거리로 배치하는 것이 좋다.

또한 검수장소의 면적은 물건과 사람이 이동하기에 충분히 넓고 모든 물품들이 한 번에 검수받을 수 있도록 충분히 커야 한다.

검수장소의 바닥은 잘 닦이는 재질로 만들고 배수가 잘 되어야 한다. 기타 안전성, 적절할 조명시설, 청소시설 등의 요건을 잘 갖추어야 한다.

3) 검수시간

검수시간은 미리 공지하여 납품업자가 특정한 시간에 맞추어 배달하도록 하는 것이 바람직하다. 이와 같이 미리 시간을 정해 두면 한꺼번에 많은 물건이 배달되어 혼란을 일으키거나 검수가 불충분하게 이루어지는 것도 막을 수 있으며, 또한 검수담당자의 식사시간이나 검수담당자가 없는 시간에 물품이 배달되는 것을 막을 수 있다. 통상 상하기 쉬운 식품의 경우는 아침에 배달되는 경우가 많으며, 기타 특별한 경우는 예외로 한다.

표 6-2. 시간대별 검수업무

시 간	검수업무
오전 8시 30분 - 9시 30분	Daily 식자재
오전 10시 - 12시	창고식자재, 음료자재
오후 1시 - 3시	일반자재
오후 4시 - 6시	서류정리

4) 검수장비

검수장비는 기본장비로 검수선반, 저울, Cart, 계산기, 형광물질측정기, 온도계, 당도계, 직물밀도측정기가 있다.

기타장비로는 칼, 가위, 톱, 장도리, 끈, 포장지, 통조림따개, 캐비닛 등이 있다.

5) 검수담당자의 자격 요건

① 부정부패를 모르는 청렴성을 지녀야 한다.

② 물품 및 구매업무에 대한 전문지식을 갖추고 있어야 한다.

③ 회사를 대표하는 얼굴이므로 친절해야 한다.

④ 물품평가를 객관적으로 할 수 있는 공정성을 지녀야 한다.

|02| 검수절차

1) 서류검수

납품업자가 물품을 도착시키면 검수담당자는 먼저 서류검수를 하고 이상이 없을 경우 물품검수를 행한다.

서류검수는 구매팀으로부터 사전에 받아놓은 발주서에 근거하여 납품업자가 제출한 제반서류의 구비여부와 기재사항의 정확성을 확인하며 아울러 납기일의 준수여부도 파악하는 일을 말한다.

(1) 거래명세표(Invoice)

납품업자가 물품을 납품할 때에는 필히 거래명세표를 기재하여 제출하는데 송장이라고도 한다.

거래명세표는 납품되는 물품에 대한 품목, 수량, 가격 등이 기재된 서류로서 납품의 증빙자료 및 물품대금 청구용으로서의 의미를 지닌다.

① 거래명세표의 기재사항

- 공급자 관련 : 사업자등록번호, 상호, 대표자, 주소지

- 물품관련 : 품명, 규격, 단위, 수량, 단가, 금액, 세금

- 기타 : 발주서번호, 납품일자, 수령부서, 관계자 서명 등

② 거래명세표의 용도

- 납품업자의 납품 증빙자료
- 검수일지의 작성자료
- 납품대금 청구용
- 신청부서나 창고의 관리자료
- 구매부서의 입고여부 판단 및 구매금액 산출용
- 원가관리부서에서 원가계산용

(2) 세금계산서

일반과세자가 재화 또는 용역을 공급할 때 부가가치세법에 의하여 거래의 상대방에게 교부하는 증빙서류로서 필수적 기재사항과 임의적 기재사항이 있다.

필수적 기재사항에는 굵은 선으로 표시된 기본적인 사항으로 전부 또는 일부가 기재되지 아니하거나 사실과 다르게 기재된 때에는 정당한 세금계산서로 보지 아니하며, 이를 교부한 사업자에 대해서는 가산세를 부가하고 이를 수취한 사업자에 대해서는 부가세 매입세액을 공제하지 않는다.

임의적 기재사항에는 기재하지 않았거나 오류가 발생한 경우에 가산세가 매입세액 불공제 조치를 하지 않는다.

① 필수적 기재사항

- 공급자의 사업자등록번호와 성명 또는 명칭
- 공급받는 자의 사업자등록번호
- 작성년월일
- 공급가액과 부가가치세

② 임의적 기재사항

- 공급하는 자의 주소
- 공급받는 자의 상호, 성명, 주소
- 공급하는 자와 공급받는 자의 업태와 종목
- 공급품목
- 단가와 수량
- 공급 연, 월, 일
- 거래의 종류

표 6-3. 세금계산서

[별지 제11호 서식]

세금계산서	(공급받는자 보관용)	책번호	권	호
		일련번호		

공급자	등록번호	- -			공급받는자	등록번호	- -	
	상호 (법인명)		성명	인		상호 (법인명)		성명	인
	사업장 주소					사업장 주소		
	업태		종목			업태		종목

작성			공급가액												세액										비고
년	월	일	공란수	백	십	억	천	백	십	만	천	백	십	일	십	억	천	백	십	만	천	백	십	일	

월	일	품목	규격	수량	단가	공급가액	세액	비고

합계금액	현금	수표	어음	외상미수금	이 금액을 청구/영수 함

22226-28131일 '96.3.27승인 　 인쇄용지(특급)34g/m2 182mmx128mm

③ 계산서

국민의 기초생활과 관련되는 재화나 용역으로서 부가가치세법에 규정된 원재료나 면세물품을 공급하는 면세사업자가 거래의 상대방에게 교부하는 증빙서류로서 기재내용은 세금계산서와 거의 동일하지만 부가가치세가 면제됨으로 부가가치세액란이 없다.

표 6-4. 계산서

[별지 제11호 서식] (적색)

계 산 서 (공급자 보관용)				책번호	권	호
				일련번호		

공급자					공급받는자				
	등록번호					등록번호			
	상 호 (법인명)		성명			상 호 (법인명)		성명	
	사업장 주 소					사업장 주 소			
	업 태		종목			업 태		종목	

작 성			공 급 가 액												비 고
년	월	일	공란수	백	십	억	천	백	십	만	천	백	십	일	
			11												

월	일	품 목	규 격	수 량	단 가	공 급 가 액	비 고

합계금액	현 금	수 표	어 음	외상미수금	위 금액을 영수 함

22226-28131일 '96.3.27승인 182mm x128mm 인쇄용지

표 6-5. 영수증

NO.	영 수 증 (공급받는자용)			
귀하				
공급자	사 업 자 등록번호			
	상 호		성명	
	사 업 장 소 재 지			
	업 태		종목	

작성일자	금액합계	비고

공급내역

월/일	품명	수량	단가	금액
합 계	₩			

위 금액을 영수(청구)함

④ 영수증

국가의 징세업무의 복잡성을 해결하기 위해 연간매출액이 4,800만원 미만인 사업자가 최종소비자를 대상으로 하는 소액거래에 사용되는 것으로 부가세를 별도로 기재하지 않고 공급자의 공급가액에 세액을 포함한 금액을 기재하며 공급받는 자에 관한 사항은 기재하지 않는다.

이 경우 거래의 쌍방은 세무서에 신고할 필요가 없으며 경비처리의 증빙자료로서 사용할 뿐이다.

2) 물품검수

제출된 서류에 이상이 없으면 이들 서류의 내용과 물품을 비교하며 다음 사항을 확인하고 물품에 이상이 없는 경우에 한하여 납품을 허가하며 이상이 있는 경우에는 원칙적으로 납품을 거부한다. 만일 부득이하게 입고시켜야 할 경우에는 신청부서 및 구매부서의 담당자들과 상의하여 물품가격을 삭감하는 등의 조건으로 납품을 허가하는 경우도 있다.

물품검수를 할 때 일반적으로 확인해야 할 사항은 다음과 같이 나눌 수 있다.

표 6-6. 물품검수 확인사항

단 계	중요 확인사항
1단계	수량(눈), 중량(저울), 크기(자 또는 육안)를 확인한다.
2단계	형태(육안), 상태(청결성, 신선도, 맛, 색상, 광택, 냄새, 탄성 등)
3단계	당도(당도계), 밀도, 온도 등
4단계	유통기간, 제조일자, 유해성(세균오염, 독성, 방사능, 농약 등), 이물질, 첨가물, 진품, 중고품 여부, 불량 여부

(1) 물품검수의 유형

① 전수검수

납품된 물품의 전부를 하나하나 검사하는 방법으로 물품이 소량이거나 고가품, 희귀성 물품이나 특별한 경우에 주로 사용하며, 정확하지만 시간이 많이 소요된다.

② 발췌검수

납품된 물품의 일부를 무작위로 선택하여 검사하는 방법으로 검수시간이 절약되며, 수량이 많을 경우에 주로 사용된다.

③ 현장검수

전기공사, 건물도색, 화훼심기, 벽지공사, Renovation 등의 각종 대형공사 등은 공사완료 후 공사현장에서 검수를 한다.

검수시 유의사항 |03|

1) 채소

채소류는 중량 및 동일 품목에 대한 업장별 규격이 상이하므로 각별히 유의하여야 한다. 특히 특수야채는 크기, 모양 및 특성을 반드시 숙지하여야 한다.

(1) 선도

채소류는 반드시 신선한 상태로 입고되어야 하며, 표면상태 및 향을 잘 살펴보아야 한다. 또한 동결 여부, 장기간 보관 여부, 자연 상태에서의 건조 여부를 파악하여야 한다.

표면이 지나치게 건조하거나 수분이 많이 함유된 것, 색깔이 지나치게 진하거나 엷은 것, 뿌리가 마르거나 시든 경우는 일단 의심해보아야 한다.

(2) 단위

채소류는 보통 kg을 단위로 하며, 일부 품목들은 PACK 단위를 사용한다. 단위가 kg이면서 PACK으로 입고되는 제품은 반드시 kg으로 환산해야 한다.

(3) 규격

정해진 규격에 적합한가, 다듬은 채소의 경우 용도에 맞게 다듬었는가, 업장별 기준에 적합한가 여부를 잘 살펴보아야 하며, 동일품목의 상이한 규격 또한 잘 살펴보아야 한다.

2) 과일

과일류는 크게 구분하여 국내산 과일과 열대성 과일로 나누어지며, 국내산 과일은 사철과일과 계절과일로, 열대성 과일은 국내산과 수입산으로 각각 구분할 수 있으며, 또 사철과일은 노지산과 하우스산으로 다시 구분되어진다.

본래 과일은 계절적 구분이 뚜렷하였으나, 최근에는 재배방법과 저장시설의 발달로 인해 계절에 관계없이 수확 및 유통되는 경우가 많아지고 있으며, 열대성 과일의 국내 수확도 많이 이루어지고 있어 과일의 특성 중 하나인 계절성은 점차로 퇴색되고 있는 상황이다. 그러나 동일품목이라도 노지산과 하우스산, 국내산과 수입산은 맛, 향, 당도 등에 있어 현격한 차이가 있다.

과일류 역시 선도, 중량 및 규격이 업장별로 상이하므로 이 점에 각별히 유의하여야 한다.

(1) 선도

과일류의 생명은 신선도에 있다고 할 수 있다. 표면에 윤기가 흐르고 절개할때 은은한 향이 나며, 맛을 볼 때 특유의 맛과 당도가 입안 가득히 느껴져야 하며, 손으로 눌렀을 때 탱탱한 느낌이 전해져야 한다.

표면에 윤기가 없거나 작은 점들이 있다든지, 손으로 눌러서 일정 부분에 자국이 생기면 문제가 있는 것이며, 껍질을 벗기거나 깎을 때, 푸석푸석한 느낌이 들거나 잘 깎이지 않거나 또한 향 및 당도가 전혀 느껴지지 않을 때도 선도를 의심해야 한다.

물론 저장과일 및 수입과일의 경우 보관 기일이 늘어날수록 선도가 떨어지기 때문에 이 점을 감안하여야 한다. 또한 품질 및 선도 유지를 위해 주방의 협조를 얻어 맛을 확인하는 것이 좋다.

(2) 단위

과일류의 단위는 kg 및 개수(ea)로 하며 개수에도 정해진 중량이 있으므로 이 점에 각별히 유의하여야 한다.

(3) 규격

동일 품목에 대한 규격이 중량 및 상태에 따라 정해져 있으며, 업장별 사용용도에 따라 정해진 규격에 적합한가를 잘 살펴보아야 한다.

특히 룸서비스에서 객실로 제공되는 과일 및 판매용 과일은 크기가 일정하고 모양이 반듯하며 흠집이 전혀 없어야 한다.

3) 육류

육류는 국내산과 수입산으로 구분하며 그 외 뼈 및 기타부산물 들이 있다.

육류 또한 업장별 규격이 상이하므로 이에 대한 주의가 요망된다.

(1) 선도

수입산 육류는 대개 냉동상태로 유통되며, 국내산 한우는 도축 후 바로 공급되거나 경우에 따라서 냉장상태로 유통되기도 한다. 냉동의 경우 유통과정 중 해동되었다가 재냉동되는 경우 및 오랜 기간 냉동보관 여부를 잘 살펴야 하며, 국내산 한우는 냉동제품의 입고는 절대 불가하다.

육류 또한 선도는 매우 중요하며, 육질 및 표면의 빛깔과 지방질의 분포를 잘 살펴야 하는데, 상등육은 맑은 선홍색으로 지방질의 심이 얇고 고르게 퍼져있다. 표면의 빛깔이 진하거나 육질이 굳고 진한 갈색 빛이 나면 일단 의심해 보아야 한다.

(2) 단위

중량은 kg 단위를 사용하며 통돼지의 경우는 마리를 단위로 한다.

(3) 규격

제품별 규격이 업장에 따라 매우 다양하며, 대부분 용도에 맞게 손질되어 입고되어야 하며, 따라서 규격에 대한 숙지가 필요하다.

(4) Meat Tag(꼬리표)

검수가 끝난 후 창고에서 보관할 육류는 선입선출 용이, 재고관리 용이, 출고시에 중량을 재는 번거로움 생략, 가격 및 공급업자명 확인 등의 목적을 위해 운반 전에 포장박스에 검수날짜, 납품업체명, 품명, 중량, 수량, 가격, 확인자 등을 기재한 meat tag을 붙인다.

meat tag은 일련번호순으로 사용되며 모든 정보가 기재되면 한 부분은 물품박스에 부착하고 다른 한 부분은 재고관리용으로 사용하다 출고시 두 개의 meat tag을 동시에 폐기한다.

4) 수산물

수산물은 어류, 패류, 갑각류 및 해초류로 구분되며, 이는 다시 Live(살아있는 상태), Fresh(살아있지는 않으나 싱싱한 상태) 및 Frozen(냉동상태)으로 구분한다.

수산물은 입고시 품목별 상태 파악에 각별히 주의를 기울여야 하며 검수 후, 가능한 빠른 시간 내에 주방으로 입고될 수 있도록 조치하여야 한다. 특히 여름철에는 수산물의 입고를 가능한 우선적으로 처리해야 한다. 또한 납품차량은 반드시 냉동, 저장 및 산소공급 설비가 되어 있는 해수탱크 차량이어야 하며, 기기의 가동여부도 점검해야 한다. 수산물은 식중독 발병의 최대 원인이므로 제품별 특성 및 상태, 위생적 처리 여부 등 제반 사항에 대해 철저한 숙지가 반드시 필요하다.

(1) 선도

① Live

활어는 살아있는가의 여부만이 아니라 얼마나 양호한가, 즉 힘차게 움직이는가, 표면의 빛깔은 선명한가, 비늘, 지느러미 및 아가미의 상태는 좋은가의 여부를 파악하는 것이 중요하다.

양식활어의 경우, 전염병에 감염되었는지의 여부의 파악이 중요한데, 표면빛깔이 탁하거나 비늘이 부분적으로 떨어져 있거나 육질이 무른 경우는 입고가 불가하며, 또한 외상이 많은 경우도 역시 입고가 불가하다. 운송시간의 파악도 역시 중요한데, 장시간 운송의 경우 활어의 생존기간이 운송시간 경과에 반비례하기 때문이며, 적어도 산지로부터 3시간 이내에 입고되어야 하며, 주방 수족관에 넣은 후 적어도 1주일 정도는 생존할 수 있어야 한다.

패류는 껍질이 깨졌다던가, 빗깔이 탁하든가 또는 건드려도 아무런 움직임이 없으면 문제가 있는 것이다. 그리고 모든 품목은 반드시 해수에 담겨진 상태로 납품되어야 하며, 업장으로 가능한 빨리 입고되도록 조치해야 한다.

② Fresh

수산물의 선도 파악에 있어서 중요한 것은 활어에서 사어로의 경과시간이 짧을수록 싱싱하다는 것이다. 그러므로 모든 기준은 활어와 비슷한 수준으로 적용하여야 한다. 또한 판단의 중요한 기준으로서는 냄새 및 아가미 상태인데, 수산물 특유의 냄새 및 해수향 이외의 냄새가 있어서는 안되며 아가미를 벌렸을 때 빛깔이 탁하거나 짙고 상한 냄새가 나면 문제가 있는 것이다.

또한 육질이 무르거나 껍질이 손상된 것 역시 문제가 있다고 할 수 있다. 그리고 가능한 얼음에 담겨서 입고되어야 하고 업장으로 빨리 입고되도록 조치해야 한다.

③ Frozen

냉동수산물은 제품마다 유효기간이 표시되어 있으므로 이에 대한 주의가 요망되며 가능한 생산일로부터 6개월 미만의 제품을 입고하도록 한다. 또한 결빙상태가 양호한지, 즉 납품시 녹은 흔적이 없어야 한다.

그리고 냉동된 상태이기 때문에 제품상태 파악이 어려운 점이 있으므로 주방과 협조하여 해동시켜 상태를 파악하도록 한다.

(2) 단위

중량은 kg단위를 기본으로 하고 Pack, Pcs, Box를 단위로 하는 제품도 있으나 이것 또한 정해진 kg이 있으므로 단위당 kg에 대한 숙지가 필요하며, 냉동품 중 일부품목은 수시로 단위당 중량이 바뀌는 경우가 있으므로 이에 대한 주의가 요망되고 해동시 중량이 2/3 이하로 줄어서는 안되며, 수시로 주방과 협조하여 상태를 파악하여야 한다.

(3) 규격

업장별 동일제품에 대한 규격이 상이하므로 이에 대한 숙지가 필요하며, 냉동제품의 경우 국내산과 수입산이 있으므로 정해진 산지에 대한 구분이 필요하다.

|04| 검수의 관리활동

검수활동 자체에 대해서도 정기적인 점검이 이루어져야 할 것이다. 일단 검수를 거친 물품에 대해서도 호텔의 표준 구매명세서에 비추어 상품을 재점검할 필요가 있다.

이러한 점검에 있어서는 모든 품질의 특성이 망라되어야 하며 수량이나 무게의 점검과 함께 곁들어져야 할 또 하나의 검수내용은 검수를 거쳐 받아들여진 식료가 내용적으로 고르게 되어 있느냐 하는 것이다.

예컨대 참외, 수박, 오렌지, 감자, 토마토 등의 과일이나 식료를 구매했다고 할 때 그 수량이나 전체 무게는 물론이고 그 하나 하나의 크기가 균등한 것이라야 한다는 것이다.

검수조건에 대한 관리는 첫째, 반드시 정확한 계량설비와 도구 및 척도의 사용 여부에 대한 것. 둘째, 저장 및 검수공간의 확보와 그 위생적 관리여부. 셋째, 검수원의 직무수행 등에 대한 정기적인 점검을 그 내용으로 하고 있다.

이러한 관리업무의 담당자는, 작은 호텔이나 소규모 식음료 사업에 있어서는 식음료 지배인이 이것을 관장하며 대규모의 식음료 사업에 있어서는 식료 관리자(food controller)가 이러한 관리업무를 수행한다.

검수과정에서 빈번히 게제되는 일반적인 문제는 관대화의 경향이다. 그러므로 구매와 검수는 각각 다른 사람에 의해서 수행되어야 할 뿐만 아니라 이것을 방지하기 위해서는 근본적으로 인사관리기능을 강화하는 것이 좋겠다.

즉 검수인이 자질을 갖춘 사람이 될 수 있도록 인사배치에 능률을 기하여야할 것이다.

여기서 요구되는 자질이란 보통 4 "I' s" 로 표현될 수 있는데 이는 지식(intelligence), 인품(integrity), 관심(interest) 및 식료에 대한 정보(information about food) 등을 의미한다.

그런데 식료원가 중 최대의 원가요소가 재료비라는 것을 감안할 때 미달품질의 식료를 인수함은 곧 낮은 산출고(yield)나 식료의 품질저하를 의미함으로써 식당경영의 성과에 차질을 야기할 것은 물론 이려니와 이것을 만회하는 데는 그 만큼의 식료 매상 증대가 전제되므로 검수업무활동에 대한 관리는 중요한 의의를 갖는다.

검수 후 납품을 허용할 경우에는 거래명세표에 검수도장을 찍어주고 또한 검수시 물품에 하자가 발생한 경우에는 사용부서의 의견을 고려하여 반품을 하거나 또는 납품을 허용하되 납품대금에서 일정 금액을 공제하기로 업체와 협의한다. 반품시에는 반품사유를 명시한 반품서를 작성하여 업자와 구매팀 및 신청부서에 보낸다.

한편, 납품기한을 어긴 물품에 대해선 회사규정에 따라 지체상금 요청서를 작성하여 재정팀에 보내서 대금의 지불시 통상 지체일수 1일당 납품대금의 3/1,000을 지불할 납품대금에서 미리 공제토록 조치한다. 이후 당일 처리한 제반서류를 정리하고 검수일지를 작성하여 보고하며, 아울러 필요한 서류를 구매팀, 재정팀, 원가관리담당자 등에게 보낸다.

아울러 검수담당자는 시장상황 및 물품에 대한 정확한 정보를 파악하기 위해 수시로 시장조사를 해야 한다.

STO
RCL
INPUT
DSP

Chapter 7.
식음료의 창고관리

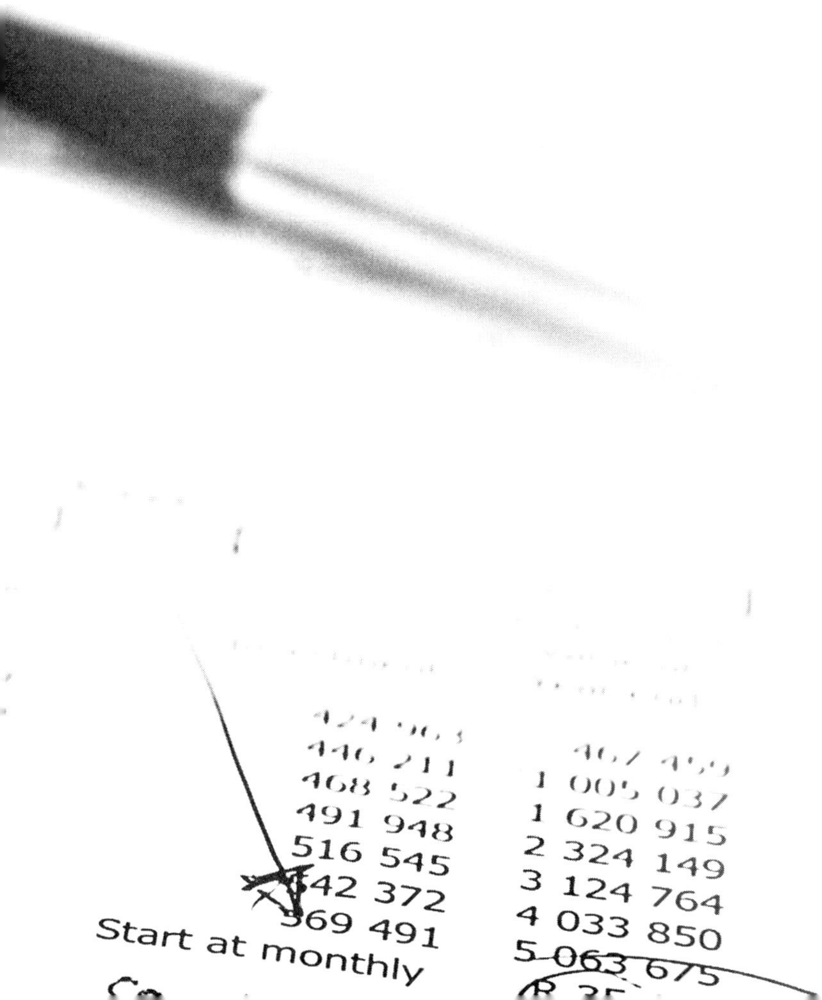

창고관리란 구매과정을 통하여 납품된 창고자재를 생산부서에서 사용하기 전까지 부패, 도난 및 손상되지 않도록 적절한 방법으로 관리, 통제하는 것을 의미하며, 이러한 창고관리 업무는 다시 입출고관리, 저장관리 및 재고관리 등으로 나눌 수 있다.

이와 같은 창고관리의 목적은 다음과 같다.

- 물품 확보의 불확실성이나 구매시간의 지연에 따른 생산의 차질 예방
- 최적의 저장 및 재고관리를 통한 최상의 품질 유지 및 손실의 최소화
- 경제적 소요량에 의거한 물품 조달을 통한 원가절감
- 대량구매를 통한 업무의 간소화

|01| 입출고관리

1) 입고관리

(1) 입고관리의 중요성

식재료 입고지점은 효율적인 원가관리를 위한 현물과 양식에 대한 기초적인 정보를 창출하는 지점으로 원가관리에 아주 중요한 역할을 한다.

왜냐하면 요구한 식재료의 구매 → 구매하여 호텔 및 외식업체에 들어오는 식재료의 검수 → 검수를 통과한 식재료의 입고, 또는 창고에 저장되지 않고 생산지점으로 바로 이동 등과 같이 구매된 식재료는 그 흐름을 따라 이동하기 때문이다.

(2) 입고절차

입고란 납품된 물품이 검수를 거친 후 창고에 반입시키는 절차를 말한다. 물품의 입고경로로서 일반자재는 일반창고로 바로 입고되며, 식음자재의 경우 저장품이 식자재창고로 입고된다.

■ 입고절차

① 납품업자가 검수를 마친 후 물품을 거래명세표와 함께 창고담당자에게 제출한다.

② 창고직원은 물품 및 거래명세표 등을 확인한 후 입고시킨 후 거래명세표에 서명한다.

③ Bin Card나 컴퓨터상에 입고내역을 기재한다.

2) 출고관리

(1) 출고관리의 중요성

입고된 식음재료는 주로 생산과 판매지점과 같은 저장된 아이템을 필요로 하는 지점에 의해 정해진 절차에 따라 출고되어져야 한다. 일단, 입고된 아이템에 대한 출고는 생산, 또는 판매지점에서 필요로 하는 물품을 청구할 때 사용하는 양식에 의해서 출고된다.

이 양식을 「출고전표 · 물품청구서」 또는 「Requisition」이라고 하고, 이 양식은 아이템에 따라 다시 세분화하여 불려진다.

예를 들어 「식료 출고전표」, 「음료 출고전표」, 「일반 저장품 출고전표」, 「저장가공식품 출고전표」, 「유제품, 란 출고전표」, 「과일 출고전표」, 「냉동품 출고전표」, 「육 · 육가공품 출고전표」, 「야채 출고전표」, 또는 「주류 출고전표」, 「수입주류 출고전표」, 「비주류 출고전표」 …, 등으로 세분화할 수도 있다.

이와 같은 양식에 의해 저장되어 있는 식재료를 출고하는 것을 출고관리라고 말하며, 출고관리는 입고관리와 마찬가지로 원가관리에 요구되는 아주 중요한 기초적인 정보를 제공하기 때문에 중요하다.

(2) 출고절차

출고란 납품된 물품이 사용부서의 신청에 의해 창고로부터 반출되는 과정을 말하며 출고절차는 다음과 같다.

① 사용부서에서는 창고물건불출증을 작성하여 소속부서장까지 결재를 득한다. 창고물건불출증은 보통 사용부서, 창고 및 원가관리부서에 배부되며 따라서 3장으로 구성되어 있다.

창고물건불출증의 기재란은 다음과 같이 나누어 볼 수 있다.

- 기본란 : 창고구분, 사용부서, 청구일자
- 내용란 : 품명, 수량, 단위, 출고량
- 서명란 : 사용부서 담당자 및 부서장, 출고담당자, 수령인

② 사용부서에서는 불출요일의 보통 오전 10시부터 오후 3시까지 창고물건 불출증을 창고담당자에게 제출하여 물품을 신청한다.

③ 창고담당자는 물품을 선입선출원칙에 의해 출고시킨 후 창고물건불출증에 서명한다. 정해진 시간 이외에는 서류정리, 재고조사, 발주 등의 업무를 한다.

④ 창고담당자는 Bin Card나 컴퓨터상에 출고내역을 기재하고 월별, 연별로 출고현황을 보고한다.

저장관리 |02|

1) 식음료에 대한 저장관리의 목적

① 도난이나 폐업에 의한 식음료의 손실을 최소화함으로써 식음료 원재료의 적정 재고를 유지하려는데 있다.

② 식료의 출고가 올바르게 이루어지도록 하려는데 있다.

식료에 대한 청구는 반드시 서식으로 작성되어 권한을 위양받은 자가 사인을 함으로써 일정의 형식을 갖춘 물품의 출고요청서에 한해서만 물품이 출고될 수 있도록 관리하려는 것이다.

③ 출고된 식음료에 대해서는 매일매일 그 총계를 내어 관리하도록 한다.

④ 물품청구서에 의한 식음료 재료의 출고는 특별한 사유가 없는 한 그것이 사용되는 시점에서 이루어지도록 해야 한다.

2) 저장관리의 업무내용

① 물품의 인수(receiving goods)

② 물품인수와 출고의 기한에 재고상품에 대한 특별한 장소적 고려에 의한 식음료의 관리

③ 식음료 재료의 출고업무

3) 저장시설의 종류

표 7-1. 저장시설의 종류

구분		용도	온도	비고
일반창고		문구류, 인쇄물, 소모품		
식자재	건식창고	통조림, 캔류 등		
	냉장창고	과일, 야채, 유제품 등	4~6	- 단기보관 품목
	냉동창고	육류, 수산물 등	-23~-18	- 장기보관 품목 - 종류별 구분 - 밀봉 후 보관 - 해동물품 재저장 금지 - 출입문이 두껍다
음자재	Main 창고	맥주, 음료		
	와인창고	레드와인, 양주	13~17	
		화이트와인, 샴페인	2~6	
주방창고		식자재	4~6	
시설창고		시설자재		

4) 저장시설의 요건

- 위치는 같은 건물의 같은 층에 검수구역과 조리구역 사이에 가능한 직선거리로 하여 동선을 단축시킨다.
- 문의 크기는 카트의 출입이 용이하도록 한다.
- 문 안쪽에 경보장치를 설치하여 안에서 열 수 있게 한다.
- 안전을 위해 창문을 없애는 것이 좋으나 부득이한 경우 보호용 창살을 설치하고 직사광선이 차단되도록 한다.
- 온도계, 자동온도조절기, 습도계, 제습기, 환풍기, 자외선램프, 방충망, 살충제 등을 설치한다.
- 바닥에 파레트를 설치하여 25cm 정도의 공간을 유지하여 통풍 및 청소가 용이하도록 한다.
- 선반은 조절이 쉽도록 조립식으로 설치한다.

5) 저장품의 관리원칙

- 모든 물품들은 항상 고정된 위치에 적재한다.
- 종류별, 용도, 사용빈도, 규격, 기능별, 가나다순 또는 알파벳순으로 적재한다.
- 품명, 제조일, 입고일, 원산지 및 중량, 꼬리표 등이 전면에 보이도록 적재한다.
- 뒤에 들어온 물품을 현재 보관 중인 물품의 뒤쪽에 적재하여 선입선출이 되도록 한다.
- 적재 후 Bin Card에 품명, 입고날짜, 잔고 등을 기재한다.
- 물품 보관량은 전체 공간의 60% 정도를 유지한다.
- 정기적으로 온도, 습도 및 통풍상태를 점검하고 문여는 횟수를 줄인다. 식음자재는 50~60%의 습도를 유지하여 건조를 방지시키며, 물품간에는 적당한 공간의 유지로 통풍이 잘 되도록 한다.
- 철저한 유효기간의 관리를 통해 부패나 변질을 예방한다.
- 정기적인 방역 및 방충작업으로 부패나 세균감염을 예방한다.
- 정기적인 청소를 통해 청결을 유지한다.
- 출입 및 입출고 규정을 엄격히 적용한다(철저한 열쇠관리, 관계자 외 출입제한, 출입시간의 제한).
- 냉동고에 출입할 때는 몸을 보호할 장비를 착용한다.

6) 저장고 관리직원의 기능

저장고(storeroom) 관리직원은 물품의 출고량 및 출고시기를 관리하며, 도난이나 부패 등으로부터 제품의 손실을 예방하는 책무를 지닌다. 구체적인 기능은 다음과 같다.

- 보완위반의 일반적인 형태로서 업무 이외 시간 출입을 최소화하

기 위해 저장고 운영시간이 관리표준(management standard)을 따르고 있는지 확인한다.

- 보안 확보를 위해 저장고 열쇠 사용에 대해 엄격한 통제를 유지한다.
- 모든 저장고의 청결한 위생상태를 유지한다.
- 재고물품의 품질이 저하되거나 손상되지 않도록 물품을 적절한 보관장소(e.g., 냉장고, dry storage, 냉동고 등)에 보관하고, 적절한 보관온도를 유지한다.
- 냉동고에서 육류와 해산물이 적절하게 보관(일반적으로 개별 포장)되고 있는지 확인한다.
- 매월말 주방장과 매니저에게 재고 회전율이 낮은 물품에 대해 보고한다.
- 모든 물품에 단위원가가 기재되었는지, 부패하기 쉬운 제품은 유통기한이 명시되어 있는지, 업자의 출처가 날인되었는지 확인한다.
- 식품의 입출고순환과정을 관리한다.
- 재고순환과정에서 선입선출(first in-first out : FIFO) 여부를 확인, 실행한다.

선입선출은 먼저 입고된 물품을 먼저 이용하기 위해 저장고 내 물품들을 입고 순서대로 정리, 배열하고 순서대로 출고하는 과정을 의미한다. 선입선출은 재고관리 및 부패방지를 위해 매우 중요하다.

재고관리 |03|

1) 재고관리의 의의

재고(inventory)란 물품의 흐름을 시간적 관점에서 파악한 개념으로서 일정한 시점에 창고에 적재되어 있는 물품을 의미한다. 또한 재고관리란 사용부서에서 필요로 하는 원자재나 부자재 등의 물품을 즉시 제공할 수 있도록 미리 필요한 예상 수요량을 확보하여 이를 최적의 상태로 유지, 관리하는 전반적인 관리활동을 말하며, 해당기업에 가장 적절한 방법으로 재고를 조사하고 적정한 재고회전율을 유지하며 아울러 재고자산을 평가하는 업무 등을 포함한다.

표 7-2. 재고관리 관련용어

용 어	해 설
Bin Card	재고관리카드를 말하며 품명, 입출고일자, 재고량, 단가, 규격, 공급처 등을 기재
Par Stock	창고에 보유하고 있어야 할 특정품목의 적정재고량
Lead Time	물품의 조달기간, 즉 특정물품이 주문하여 도착할 때까지 걸리는 시간
Slow Moving Item	잘 출고되지 않는 창고 물품
Dead Stock Item	출고되지 않은 창고 물품
Steward Sale	종업원들에게 창고 물품을 판매하는 것

기업의 전체자산 중에서 재고자산이 차지하는 비중은 업종에 따라 다르지만, 우리나라의 경우 평균 20% 정도의 재고자산을 통상 보유하고 있으며, 이들 재고자산을 유지하기 위해서는 상당한 비용이 소요된다.

오늘날 대부분의 기업에서 이와 같이 막대한 재고비용을 지출하면서까지 재고자산을 보유하고 있는 이유는 필요한 물품이 적기에 구매되어 최적의 상태로 보관된 후, 필요한 시기에 필요한 수량만큼 생산부서 또는 사용부서에 도달하여 사용됨으로써 기업의 경영관리 차원에서 여러 가지 효익을 가져다 주기 때문이다. 그러나 최근 호텔산업에서는 원자재값 앙등 및 매출 감소로 인한 재정적 어려움을 타개하기 위해 소량 발주 및 분할납품 등의 방법을 통해 재고 물량을 점점 최소화하고 있는 추세에 있다.

2) 재고조사의 유형

(1) 계속기록(장부재고조사)법

이 방법은 구매 후 입고되는 물품에 대해 기록을 하는 방법으로, 창고담당자가 창고에 있는 물품을 입 · 출고할 때 물품의 수량을 계속하여 장부에 기록함으로써 남아 있는 물품의 목록과 수량을 파악, 관리함으로써 적정재고량을 유지하는 방법이다.

이 방법은 재고조사를 위해 사용하는 기본적인 방법으로 대량의 재고를 보유하는 업체 등에서 특히 많이 활용한다.

이를 위해 일반적으로 사용되는 방법으로 Bin Card가 있으며, Bin Card는 선반에 부착하여 관리함으로써 물품에 대한 재고현황을 쉽게 파악할 수 있을 뿐만 아니라 특정 물품에 대한 표지판의 역할을 하기도 한다. 이러한 방법은 적절한 재고량을 유지하는데 필요한 정보를 제공하고 특히 어느 시점에서든지 그 때의 재고량과 그에 상응하는 재고자산을 파악할 수 있게 해줌으로써 재고자산의 효율적 통제 및 관리를 가능케 한다.

이 방법은 입 · 출고할 때마다 현황을 기록한 장부에 근거하여 조사하는 것이므로 별도로 조사기간을 할애할 필요가 없으며, 조사가 비교적 용이하다는 장점이 있으나 서류에 의존하므로 조사결과가 가끔씩 부정확할 수도 있다는 단점이 있다. 오늘날은 이러한 단점을 보완하기 위해 대기업을 중심으로 점차 수 작업 대신 컴퓨터를 이용한 전산시스템이 도입되는 추세이다.

(2) 실지재고조사법

이 방법은 계속기록법의 단점을 보완하기 위한 것으로 통상 계속기록법과 병행하여 실시한다. 이 방법은 정기적으로 창고에 보유하고 있는 물품의 수량과 목록을 직접 확인하여 기록함으로써 재고를 보다 정확히 파악하기 위해 실시하는 방법이다. 일반적으로 회계주기의 최종일 즉, 회계주기가 1개월인 경우에는 가장 마지막날 보유하고 있는 재고량을 파악하여 그 수량을 기록한다.

실지재고 조사과정에는 보통 창고담당자와 회계담당자가 한 팀을 이루며 한명은 각 품목의 수량을 확인하고, 다른 한 명은 대장에 기록하는 임무를 맡는다.

재고조사대장에는 품명, 수량, 단가, 규격, 상태 등이 기록되며 보유하고 있는 재고물품에 대한 자산가치를 평가하기 위해서는 해당 기업의 형편에 맞는 평가방법을 사용하여 단가를 산출한다.

실지재고조사법은 보유 재고에 대한 내용을 직접 파악함으로써 재고관리의 정확성을 기할 수 있다는 장점이 있는 반면, 조사시간이 많이 걸린다는 단점도 있다.

이상과 같이 계속기록법과 실지재고조사법은 각각 장단점을 갖고 있기 때문에 일반적으로 재고조사를 할 때는 각각의 장점을 취하고 단점을 보완하기 위해 양자를 병행하여 실시하며, 이를 위해 먼저 월별 또는 연별로 재고관리카드의 기재사항에 근거하여 장부재고조사를 실시한 후, 이 결과를 실지재고조사법의 결과와 비교한 후 차이가 날 경우에는 절차에 따라 비용으로 처리를 하여 재고를 일치시키는 방법을 사용하고 있다.

3) 재고관리의 기법

(1) 80/20 관리법

80/20 관리기법은 이탈리아의 경제학자 파레토가 발견한 것으로 "원인과 결과, 투입과 산출, 그리고 노력과 보상 사이에는 근본적인 불균형이 있다" 는 원칙에 근거하고 있다. 즉, 제품 중 20%가 이익의 80%를 가져다준다는 것이 80/20의 원칙이며, 투입과 노력은 실제결과에는 거의 영향을 미치지 않는 대부분과 결과에 막대한 영향을 미치는 핵심적 소수로 나누어진다.

따라서 이 방법에 의하면 구매물품 총수량의 20%가 총구매금액의 80% 정도를 차지하므로 이 20%를 차지하고 있는 구매물품을 찾아내어 집중적인 관리를하고 대신 나머지의 노력은 다른 업무로 돌림으로써 제한된 자원과 노력을 효율적으로 배분할 필요가 있다. 이 기법은 보통 품목별 금액에 큰 차이가 없을 경우에 유용하게 적용될 수 있다.

(2) ABC 관리법

이 방법은 관리의 대상을 금액의 크기에 따라 A, B, C 그룹으로 나누고, A 그룹을 최중점 관리대상으로 선정하여 관리 노력함으로써 관리 효과를 높이려는 방법을 의미한다. A형, B형, C형에 속하는 품목들의 종류는 업체의 규모나 형태에 따라 다양하지만 일반적으로 다음과 같다. 이 기법은 보통 품목별로 금액의 편차가 클 때 유용하게 적용할 수 있다. ABC 관리방법은 다수의 경미품목보다 소수의 중요품목을 중점관리하는 방식이다.

① A형 품목

이 품목들은 사용품목수는 총 재고량의 10~20% 정도를 차지하나, 총 재고금액의 70~80% 정도를 차지하는 품목들이다. 따라서 이 품목들에 대해서는 철저한 관리가 필요하며, 따라서 필요량을 정확히 산출하여 최소한의 재고가 유지되도록 하며, 또한 부패, 분실, 손망실 등이 최소화되도록 특별히 관리되어야 한다. 주로 고가의 육류나 주류 및 기타 식자재 등이 여기에 속한다.

② B형 품목

이 품목들은 사용품목수가 총 재고량의 20~40% 정도이나 총 재고금액의 15~20% 정도를 차지하며, 다소 가격이 떨어지는 품목들로서 과일이나 야채가 여기에 속한다. 일반적인 재고관리시스템, 즉 정기발주시스템에 의해서 경제적인 구매와 재고유지를 해야 한다.

③ C형 품목

이 품목들은 사용품목수가 총 재고량의 40~60% 정도를 차지하지만, 총 재고금액의 5~10% 정도를 차지하는 품목으로서 값이 비교적 싸므로 관리측면에서 비교적 주의를 덜 기울여도 되는 품목들이며 밀가루, 설탕, 조미료, 세제 등이 여기에 속한다. 안전재고를 충분히 고려하고, 경제적인 수준에서 유효기간을 고려하여 수개월분을 일괄 구입해야 한다.

표 7-3. ABC 관리법의 개요

등급	단가수준	품 목	총 재고량 비율	총 재고금액 비율
A	고가품	육류, 고급주류, 샥스핀, 제비집, 건해삼, 자연송이 등	10~20%	70~80%
B	중가품	과일, 야채 등	20~40%	15~20%
C	저가품	밀가루, 설탕 등	40~60%	5~10%

(3) 최대최소관리법

이 기법은 사용기간이나 조달기간이 일정하지 않거나 품절 등 예기치 못한 상황에 대비하여 언제나 적어도 안전재고량 이상의 재고수준은 유지되도록 재고량을 보유, 관리하는 방식이다.

즉 재고량을 안전재고량보다 더 많이 보유하기 위해 재고량이 최소재고량 수준에 이르면 미리 적정량을 주문하고 그 후 일정한 조달시간이 경과하면 재고량이 안전재고량에 도달함과 동시에 주문량이 입고되어 최대재고량이 유지된다. 이때 발주량은 최대재고량에서 안전재고량을 공제한 만큼의 양이다.

이 기법은 고객의 증감변동의 폭이 크거나 물품의 생산 또는 납품이 순조롭지 못할 것으로 예상될 때 유용하게 적용할 수 있다.

표 7-4. 최대최소 관리법의 개요

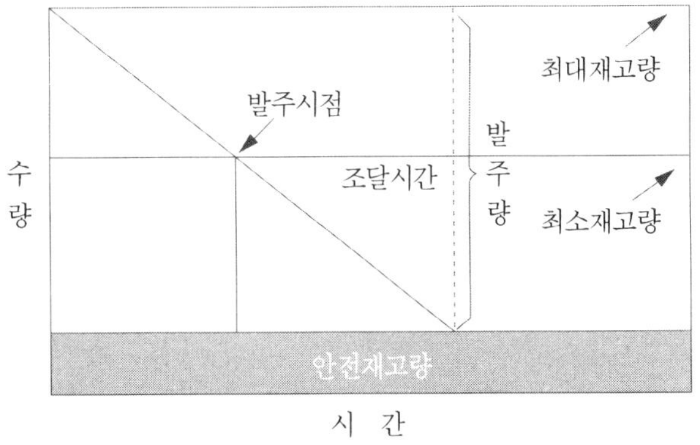

(4) 경제적 주문량(EOQ : Economic Order Quantity) 관리법

이 기법은 주문비용, 재고유지비용 간의 관계를 이용하여 가장 합리적인 주문량을 결정하는 방법으로, 경제적 발주량이란 총재고비용 즉, 구매비용과 재고유지비용의 합이 최소가 되는 발주량을 의미한다. 이 기법은 계산이 간편하여 비교적 규모가 큰 기업에서 유용하게 사용될 수 있으나, 발주내용, 조달기간 및 구매단가 등이 일정하다는 여러 가지 가정을 전제로 하고 있으므로 수요의 변화가 심한 경우나 전산화가 안되어 있는 경우에는 바람직하지 않다.

경제적 주문량 $= \sqrt{\dfrac{2FS}{CP}}$

여기서,

F : 1회 주문에 소요되는 고정비용

S : 연간 매출액, 또는 사용량

C : 관리비용(보험, 이자, 저장)

※재고총액에 대한 백분율

P : 단위당 구매원가

예를 들어, 특정 호텔에서 특정 아이템의 연간 사용량이 5,000kg이라고 하고, 관리비용이 재고가치의 20%, 단위당 구매원가는 50,000원, 그리고 주문에 소요되는 고정비용이 10,000원이라는 조건하에서 경제적 주문량은 다음과 같이 구할 수 있다.

$$경제적\ 주문량 = \sqrt{\frac{2 \times 10,000 \times 5,000kg}{20\% \times 50,000원}}$$

$$= \sqrt{\frac{100,000,000}{10,000}}$$

$$= \sqrt{10,000}$$

$$= 100kg$$

4) 재고회전율

(1) 재고회전율의 의의

재고회전율(inventory turnover)은 일정한 기간동안 창고에 있는 재고의 사용빈도를 나타내는 수치로서, 통상 물품의 사용횟수나 판매횟수 등을 의미하며 재고의 회전속도라고도 말한다. 재고회전율은 재고량과는 반비례하며 수요량과는 정비례한다.

창고의 재고는 항상 적정재고수준을 유지하여야 바람직하다. 적정재고수준이란 수요를 가장 경제적으로 충족시킬 수 있는 재고량으로 물품공급이 원활한 상태에서의 이상적인 재고보유량은 상품의 특성이나 판매량, 창고의 수용능력 등에 따라 다를 수 있으나 통상 일정기간 동안의 소비량이나 소비액의 1.5배 수준이다.

재고량이 많으면 재고량이 제로(zero)가 될 때까지의 기간이 길어지므로 일정기간 중의 재고회전율이 감소하고, 재고량이 적으면 그 기간이 짧아지므로 재고회전율이 증가한다. 따라서 재고회전율이 너무 높으면 재고의 고갈을 초래할 위험성이 있으며, 반대로 재고회전율이 너무 낮으면 불필요하게 많은 재고량의 보유로 인해 보관비용이 증가하게 된다.

이와 같이 적정재고수준을 유지하지 못하고 재고가 너무 많거나 부족할 경우에는 다음과 같은 문제점이 발생할 우려가 있다.

■ **재고회전율이 표준치보다 낮을 때의 문제점**

- 재고의 과잉보유로 인한 구매 및 관리비용의 증가
- 저장기간의 증가에 따른 재고의 손망실 초래
- 과다재고로 인한 종업원의 낭비와 부정유출 가능성 증가

■ **재고회전율이 표준치보다 높을 때의 문제점**

- 재고물품의 고갈로 인한 생산의 지연 및 차질 발생
- 긴급구매로 인한 구매비용의 증가
- 고객만족도 감소 및 종업원의 사기 저하

(2) 재고회전율의 계산

재고회전율은 보통 매월 실지재고조사가 행해질 때 산출되며 산출공식은 다음과 같다.

- 월평균재고금액 = (월 기초재고금액 + 월 기말재고금액) ÷ 2
- 월매출원가 = 기초재고액 + 당월구매액 − 기말재고액
- 재고회전율 = 총매출원가 ÷ 평균재고금액
- 상품회전율 = 매출액 ÷ 평균재고금액
- 적정재고량(액) = 목표사용량(매출목표액) ÷ 재고회전율

5) 재고자산의 가치평가법

재고품은 재무제표상에 재고자산으로 나타나며, 이것은 월말, 연말 등의 결산시점에 손익계산서상에 원가로 반영된다. 만일 물품의 구입원가가 항상 일정하다면 문제가 없으나, 구입시기나 구입처에 따라 가격이 다르기 때문에 다양한 평가방법으로 나눌 수 있다.

따라서 호텔이나 외식업체들은 여러 가지 평가방법 중에서 기업의 특성이나 사용목적에 가장 부합하는 방법을 사용하여 적절한 화폐가치를 부여하여 자산을 평가해야 한다.

일반적으로 재고자산의 평가를 위한 구입단가의 산정기준으로는 원가법, 시가법, 저가법 등이 있다.

표 7-5. 재고자산의 평가시 구입단가 산정기준

방 법	개 요
원가법	물품의 구매당시의 취득원가를 적용하는 방법
시가법	조사시점에서의 단가, 즉 현행시가로 계산하는 방법
저가법	취득원가와 현행시가 중 낮은 금액으로 계산하는 방법

이상과 같은 산정기준들 중 주로 원가법이 적용하기가 용이하다는 장점 때 문에 많이 사용되며 원가법에는 다음과 같은 방법들이 있다.

(1) 개별법

개별법(specific identification method)은 재고자산을 개별적으로 식별하여 판매 또는 소비할 때 실세로 출고되는 재고자산의 취득원가를 매출원가화하고 기말재고로 남아 있는 재고자산의 취득원가를 개별적으로 파악하여 기말재고액을 평가하는 방법이다. 따라서 매출원가는 판매 또는 소비한 재고자산들의 취득원가를 합계한 것이며, 기말재고액은 기말재고자산들의 취득원가를 합계한 것이다. 호텔은 식 · 음재료의 종류가 많고 취득원가도 상이한 것이 일반적이므로 이러한 개별법을 거의 사용하지 않는다. 다만, 개별법은 고가의 골프세트, 공들여 만든 케이크, 아주 값비싼 포도주와 같은 고가품목을 평가할 때만 사용하는 방법이다.

(2) 선입선출법

선입선출법(first-in, first-out method : FIFO)은 먼저 취득한 재고자산을 먼저 판매 또는 소비한다고 가정하여 계산하는 방법으로 매입순법이라고도 한다. 즉 재고자산이 매입된 순서대로 팔렸다고 가정하는 것이므로 기말에 남아 있는 재고는 제일 나중에 매입한 상품이 남아 있다고 가정하고 기말재고액을 계산하는 방법이다. 이 방법에 의할 경우 기말재고액은 가장 최근의 매입원가로 평가되어 시가에 가깝게 평가된다. 이 방법은 원가흐름이 실제 물량흐름과 대체로 일치하나, 인플레이션시 매출원가의 과소계산으로 이익이 과대표시되어 세금이 많아진다. 또한 이 방법은 실지재고조사법과 계속기록법 이용시 계산결과는 동일하다.

표 7-6. 한국호텔의 훈제연어 입 · 출고 자료

월 일	내 용	수 량	단 가
7월 1일	전기이월	50개	₩500
5일	매 입	100개	₩620
15일	소 비	70개	
18일	소 비	40개	
20일	매 입	30개	₩700
31일	차기이월	70개	

〈표 7-6〉를 이용하여 한국호텔의 7월 중의 훈제연어의 입 · 출고에 대한 자료를 이용하여 선입선출법에 의한 기말재고액과 매출원가를 계산하면 다음과 같다.

- 기말재고액 : 한국호텔의 훈제연어 기말재고수량 70개는 7월 20일에 매입한 30개와 7월 5일에 매입한 40개가 남아 있다고 가정하는 것이다. 따라서 기말재고액은 다음과 같이 계산된다.

30개×@₩700=₩21,00

40개×@₩620=₩24,800

기말재고액 ₩45,800

- 매출원가 : 한국호텔의 훈제연어 소비수량 110개 중 7월 15일에 소비한 70개는 7월 1일의 전기이월재고 50개와 7월 5일 매입분 중 20개가, 7월 18일에 소비한 40개는 7월 5일 매입분 중 40개가 소비되었다고 가정하는 것이다. 따라서 매출원가는 다음과 같이 계산된다.

50개 × @₩500 G ₩25,000

20개 × @₩620 G ₩12,400

40개 × @₩620 G ₩24,800

매출원가 ₩62,200

(3) 후입선출법

후입선출법(last-in, first-out : LIFO)은 가장 최근에 매입한 재고자산이 먼저 판매 또는 소비되는 것으로 가정하여 기말재고단가를 결정하는 방법으로 매입 역순법이라고도 한다. 따라서 가장 최근에 매입한 재고자산이 먼저 팔리든가 소비되고 먼저 매입한 재고자산이 기말재고로 남아 있다고 가정하고 기말재고액을 계산하는 방법이다.

이 방법은 인플레이션 상황에서 매출원가를 상대적으로 크게 계산하는데, 선입선출법에 비하여 기말재고액을 낮게 평가하고 매출원가는 높게 평가하므로 보수주의 회계처리 관점에서 바람직한 방법이다. 그러나 기말재고액이 현재의 시가와는 동떨어진 가격으로 평가되며 일반적인 재고자산의 흐름과 역행된다는 단점이 있다. 그러나 인플레이션 하에서는 조세부담을 지연시킬 수 있는 등자금압박을 줄일 수 있기 때문에 일부 기업들이 이 방법을 선호하고 있다. 국제회계기준(International Financial Reporting Standards : IFRS)에서는 후입선출법을 인정하지 아니한다.

〈표 7-6〉 자료를 이용하여 실지재고조사법과 후입선출법에 의한 기말재고액과 매출원가를 계산하면 다음과 같다.

- 기말재고액 : 한국호텔의 훈제연어 기말재고수량 70개는 7월 1일의 전기이월 50개와 7월 5일 매입분 중 20개가 남아 있다고 가정하는 것이다. 따라서 기말재고액은 다음과 같이 계산된다.

50개 × @₩500 G ₩25,000

20개 × @₩620 G ₩12,400

기말재고액 ₩37,400

- 매출원가 : 한국호텔의 훈제연어 소비수량 110개는 나중에 들어온 것이 먼저 소비되는 것으로 가정하므로 7월 20일에 매입한 30개와 7월 5일 매입분 중 80개가 소비되었다고 가정하는 것이다. 따라서 매출원가는 다음과 같이 계산된다.

반면에 〈표 7-6〉 자료를 이용하여 계속기록법과 후입선출법에 의한 기말재고액과 매출원가를 계산하면 다음과 같다.

- 매출원가 : 7월 15일 소비 70개는 5일 매입분 중에서 이루어지며 18일 소비 40개는 5일 매입분 30개와 1일 전기이월분 10개로 이루어지게 된다. 따라서 매출원가는 ₩67,000이다.

10개 × @₩500 G ₩5,000

100개 × @₩620 G ₩62,000

매출원가 ₩67,000

- 기말재고액 : 기말재고수량은 7월 20일 매입분 30개와 1일 전기이월분 40개로 이루어지게 된다. 따라서 기말재고액은 다음과 같이 계산된다.

40개 × @₩500 G ₩20,000

30개 × @₩700 G ₩21,000

기말재고액 ₩41,000

이와 같이 후입선출법을 이용하는 경우 재고자산수량결정방법, 즉 실지재고 조사법과 계속기록법을 이용한 결과는 상이하다.

(4) 총평균법

총평균법(weighted average method)은 회계기간 중의 총매입액을 총매입수량으로 나누어 총평균단가를 산출하고, 이 단가를 기말재고의 단가로 하는 방법으로 가중평균법 또는 기간평균법이라고도 한다. 기말에 남아 있는 재고자산 속에는 그 회계기간에 매입한 재고자산이 평균적으로 섞여 있다고 가정하고, 기말재고액을 계산하는 방법으로 총평균법은 실지재고조사법을 이용하여 수량을 파악하는 경우에 이용되는 방법이다.

$$총평균단가 = \frac{기초재고액 + 당기매입액}{기초재고량 + 당기매입량}$$

$$매출원가 = 당기매출(소비량) \times 총평균단가$$

$$기말재고액 = 기말재고량 \times 총평균단가$$

〈표 7-6〉 자료를 이용하여 총평균법에 의한 기말재고액과 매출원가를 계산하면 다음과 같다. 우선 총평균법에 의한 기말재고액과 매출원가를 구할 경우 먼저 총평균단가를 구해야 한다.

$$총평균단가 = \frac{(50개 \times @₩500)+(100개 \times @₩620)+(30개 \times @₩700)}{(50개+100개+30개)}$$

$$= \frac{₩25,000+₩62,000+₩21,000}{180개}$$

$$= ₩600$$

– 기말재고액 : 한국호텔의 훈제연어 기말재고수량은 70개 남아 있다. 따라서 기말재고액은 다음과 같이 계산된다.

기말재고액 = 70개 × @₩600 = ₩42,000

– 매출원가 : 한국호텔의 훈제연어 소비수량은 110개이다. 따라서 매출원가는 다음과 같이 계산된다.

매출원가 = 100개 × @₩600 = ₩66,000

(5) 이동평균법

이동평균법(moving average method)은 새로운 재고가 매입될 때마다 기존의재고가액과 새로 매입되는 재고가액을 합하여 새로운 평균단가를 산출하고 이렇게 하여 산출된 단가를 기준으로 기말재고가액과 매출원가를 산출하는 방법이다. 즉 새로운 재고가 매입될 때마다 평균단가를 계속적으로 수정해가는 방법이다. 따라서 이 방법은 계속기록법을 이용하는 경우에만 적용 가능한 방법이다. 이 방법은 새로운 재고를 매입할 때마다 평균단가를 계산하여야 하므로 계산이 복잡하고, 계산과정에서 발생하는 단수처리로 인한 계산오차가 나타날 수 있다.

$$\text{이동평균단가} = \frac{\text{새로운 매입금액+기존 재고액}}{\text{새로운 매입량 +기존 재고량}}$$

〈표 7-6〉 자료를 이용하여 이동평균법에 의한 기말재고액과 매출원가를 구하면 다음과 같다. 우선 이동평균법에 의한 기말재고액과 매출원가를 구할 경우 먼저 이동평균단가를 구해야 한다.

① 7월 5일

7월 1일 전기이월 150개 × ₩500 G ₩25,000

7월 5일 매 입 100개 × ₩620 G ₩62,000

합 계 150개 ₩87,000

이동평균단가 : ₩87,000 ÷ 150개 G ₩580

② 7월 15일

매출원가 : 70개 × ₩580 G ₩40,600

기말재고 : 80개 × ₩580 G ₩46,400

③ 7월 18일

매출원가 : 40개 × ₩580 G ₩23,200

기말재고 : 40개 × ₩580 G ₩23,200

④ 7월 20일

이동평균단가 : (₩23,200H₩21,000) ÷ (40개H 30개) G ₩631.428

기말재고 : 70개 × ₩631.428 G ₩44,200

이에 따라 이동평균법을 이용하는 경우 7월 말의 기말재고액은 ₩44,200, 매출원가는 ₩63,800으로 계산된다.

STO
RCL
INPUT
DSP
%

Chapter 8.

식음료의 생산관리

|01| 생산계획(production planning)

1) 목적

수요에 맞지 않는 과대한 식음료의 생산은 높은 원가의 주요 원인이 되므로 적정한 식료의 생산계획을 수립한다는 것은 식료의 낭비를 막는 효율적인 근본대책이 된다.

그러므로 생산계획은 매출예측을 기초로 한 조리에 앞서서 식료생산의 요건을 맞출 수 있도록 수립되지 않으면 안된다.

생산계획의 근본목적은 생산량을 수요에 맞도록 함으로써 과대한 식료생산을 가능한 최소한으로 하려는 데 있다.

2) 주방관리

주방의 관리란 기대되는 시간 내에 고객이 주문한 식음료를 서비스할 수 있도록 하기 위한 능률적인 설비 및 인력의 이용과 계획은 물론 예정된 수량의 식음료를 올바르게 생산하도록 하는 전반적인 내용을 대상으로 하고 있다.

그렇게 함으로써 과대한 식료의 생산과 조리상의 재료낭비를 최소화할 수 있을 것이며 식료제품의 품질 또한 그 호텔의 식당경영에 알맞은 수준으로 유지할 수 있는 것이다.

관리란 경영의 기초개념으로서 저절로 이루어질 수 없는 것이므로 주방관리에 있어 경영자는 끊임없이 점검하고 업무수행의 내용을 평가하는 동시에 새로운 지시를 게을리 해서는 안될 것이다.

3) 판매기록 카드(sales history card)

(1) 판매기록 카드 작성의 필요성

① 정확한 고객수의 예측은 생산량 결정문제를 용이하게 해줄 것이다. 그러므로 과거의 정확한 자료를 기록으로서 보유하고 있을 경우에는 생산량의 예측이 용이하나 이러한 자료없이는 다종의 메뉴를 가지고 있는 호텔에 있어서 전체 또는 각 식료 품목별 매출량을 예측하기란 매우 어려운 것이다.

생산량의 예측은 적정한 계획과 이에 따른 정확한 구매를 위해 이용될 수 있도록 앞서서 이루어져야 할 것이며 또한 각 품목별 판매량 예측에는 과거의 실적이 참고되어야 한다.

여기에 판매기록 카드(sales history card)나 판매기록장을 이용함은 바람직하다(표 8-1, 8-2).

② 판매기록 카드는 일정기간에 판매된 각 요리품목별 판매기록에 대한 기록으로서 판매상황을 나타내주므로 현재의 판매경향을 파악하는 데 도움을 준다.

표 8-1. Sales History Card

일자	요일	가격	lunch 판매수량	%	dinner 판매수량	%	비 율
6/1	금	$2.00			40	20	5 over
6/2	일	$2.00			40	18	Ran out 7:15
6/5	화	$1.75	25	12	15	5	special for dinner out 6:30
6/18	월	$2.00			50	22	6 over
6/22	금	$2.00			45	20	15 over heavy rain, 150 entrees

표 8-2. Sales History Record Form

Sales History Record

Day Wednesday

Items / Date	Previous 80 Day Average		6/13/2012		6/20/2012		6/27/2012		7/3/2012		7/10/2012	
	No. Sold	% of Total	No. Sold	% of Total	No. Sold	% of Total	No. Sold	% of Total	No. Sold	% of Total	No. Sold	% of Total
Appetizers		%		%								
Shrimp Cocktail	46	27.4	49	27.7								
Fruit Cup	17	10.1	18	10.2								
Marinated Herring	16	9.5	15	8.5								
Half Grapefruit	6	3.6	8	4.5								
Soup du Jour	27	16.1	31	17.5								
Total Appetizers	112	66.7	121	68.4								
Entrees												
Sirloin Steak	26	15.5	29	16.4								
Prime Ribs	58	34.5	62	35.0								
Lobster	28	16.7	26	14.7								
Ragout of Lamb	22	13.1	21	11.9								
Half Chicken	34	20.2	39	22.0								
Total Entrees	168	100.0	177	100.0								
Vegetables & Salads												
Whipped Potatoes	51	30.4	57	32.2								
Baked Potatoes	108	64.3	119	67.2								
Asparagus Spears	111	66.1	108	61.0								
Half Tomato	48	28.6	49	27.7								
Tossed Salad	102	60.7	107	60.5								
Hearts of Lettuce	57	33.9	64	36.2								
Total Veg. & Salads	477	283.9	504	284.8								
Desserts												
Brownie	19	11.3	21	11.9								
Fresh fruits	9	5.4	10	5.6								
Ice Cream	33	19.6	36	20.3								
Apple Pie	19	11.3	25	14.1								
Devils Food Cake	14	8.3	10	5.6								
Total Desserts	94	55.9	102	57.6								
Total Customers Served	168	100.0	177	100.0								

③ 판매기록을 통하여 고객에게 인기 있는 메뉴품목을 알아낼 수 있으므로 식당의 메뉴개선에 공헌하며 나아가서는 비교적 정확한 요리의 수요를 예측함으로써 주방에서의 작업조직이나 작업계획의 수립을 위한 기초를 제공하게 된다.

(2) 판매기록 카드의 작성

① 판매기록은 장래 매출예측에 있어서 중요한 정보자료로서 이용되므로 정기적으로 작성되어야 하며, 그 내용은 과거에 판매된 모든 품목에 걸쳐서 총매출량 및 각 품목별 판매수량이 된다.

② 기록은 보통 수납원(food cashier)이나 식료 점검인(food checker)에 의하여 업장 캐셔의 기록양식(restaurant cashier’ s sheet)에 기록되며 이것을 다시 컨트롤러가 요약(summarize)하게 된다.

분석을 위해서는 이 기록내용을 고객, 사무원, 기타 종업원이 소비한 각각의 수량으로 구분해 보되, 이것을 각 메뉴 품목별로 분류해 보는 것이 좋다.

③ 작성절차나 방법상으로는 먼저 요리품목별로 실제의 판매수량을 합계낸 후 총고객수를 대입시킴으로써 그 비율을 산출한다.

즉 전체의 비율(% of total)G판매수량(no. sold)÷총고객수(total customers served)이므로 각 메뉴 품목별 및 각 코스별로—전채(appetizers), 본요리(entrees), 야채(vegetables), 샐러드(salads) 및 디저트(desserts)—판매수량을 합계한 후 전체의 고객수로 나누면 고객이 어떤 요리를 언제 즐겨 먹는지를 알 수 있다.

이것을 기초로 한 판매예측의 일례를 보면 다음과 같다.

표 8-3. Appetizer에 대한 판매예측(200인의 고객예측을 기초로) 6/30 토요일

Appetizers	Total Customers		전기간의 소비율(%)		예측수량
Shrimp	200	×	27.4	=	55
Fruit cup	200	×	10.1	=	20
Marinated Herring	200	×	9.5	=	19
Half Grapefruit	200	×	3.6	=	7
Soup du Jour	200	×	16.1	=	32
	Appetizer Total				133

위의 표에서와 같이 전채(appetizer) 중에서도 각 요리종류별로 정확한 고객 수를 예측하려면 예측된 고객의 총수에 과거의 판매기록 자료로부터 얻은 비율을 곱하면 된다.

이렇게 얻은 결과는 실제의 판매상황이나 추이를 고려함으로써 서브될 식료의 몫(portions)을 평가하는 데 있어 신뢰성 있는 지표로서 이용될 수 있다.

4) 식료 원재료의 소요량 결정

식료의 생산계획 수립을 위해서는 먼저 소비할 각 품목별 수량예측과 예측된 고객의 수에 의거한 원재료에 대한 소요량 결정이 선결되어야 한다.

그런데 예측된 식료의 수량에 기초한 원재료의 소요량은 다음의 요소에 따라 좌우된다.

① 고객에게 서브되는 몫의 크기(portion size)

② 해당되는 구매명세서

③ 조리 후의 산출고

그러므로 산출고 실험(yield test)에 의한 multiplier tables이나 requisitioning guides 등을 통하여 예측된 구매수량을 즉시 원재료 소요량으로 환산할 수 있어야 한다.

산출고 테스트를 위해서는 보통 10인 몫을 기준단위로 하여 표준조리법(standard recipes)에 따라 조리하고 있으며 실험결과로 결정된 표준 산출고와 1인분 몫의 표준 크기가 그러한 계산절차에 있어 이용됨은 물론이다.

5) 생산계획 수립의 절차(production planning procedures)

(1) 생산계획의 내용은 식료생산계획서(master food production planning worksheet)로서 작성되는데 다음과 같은 목적에 기여하게 된다.

① 예측된 자료의 요약 및 집계

② 예측을 기초로 한 식료 원재료 소요량의 결정

③ 식사시간 종료 후 실제와 비교한 생산계획의 평가

(2) 생산계획서의 작성은 식당의 영업규모 등에 따라 그 작성자가 일정하지 않으나 보통 식당의 부지배인이 담당한다.

이 양식은 원본 외에도 3부의 사본이 작성되는 데 원본은 작성자인 부지배인이 가지고 있다가 사후 점검이나 검사목적에 이용된다.

사본 3부는 각각 주방(main kitchen or central kitchen)에 게시되거나 육류를 부위별 또는 종류별로 출고하는 데 책임자인 head butcher와 육류 이외의 식음료 재료를 출고하는 창고관리 책임자(head storeroom man)에게 한부씩 보낸다.

(3) 식당 부지배인은 매일 전날에 판매기록을 주된 자료로 이용함으로써 통계적인 측면에서 몇 인분의 식료가 판매될 것인가를 예측(portion forecast)한다.

(4) 그런 다음 그는 익일을 위한 생산계획서를 가지고서 오후 늦게 주방장(executive chef)을 만나서 함께 이것을 조정함으로써 세밀한 생산계획의 내용을 확정한다.

(5) 다음날 부지배인과 주방장은 이 계획의 결과를 재검토한 다음 그 다음날을 위한 새로운 생산계획을 수립한다.

이러한 과정을 통하여 부지배인이 예측한 수치는 다소의 수정이나 조정을 거치게 되는 경우도 있다.

즉 대회의(convention)나 특별한 연회행사(special entertainment events), 기후, 공휴일 등을 감안함으로써 그 자신이 인식하거나 또는 주방장의 의견으로써 수정이 필요한 경우에는 "예측의 조정(adjusted forecast)" 난에 최종적인 수치를 기재한다.

(6) 그 다음 단계는 requisitioning guides를 이용함으로써 두 사람이 위에서 예측된 몫(portions)을 원재료 소요량으로 환산함으로써 생산계획은 최종적인결정을 보게 된다.

|02| 생산관리

1) 품질관리

호텔 식료의 품질을 관리한다는 것은 상당히 어려운 문제이다. 한때 이것은 그저 최고급의 식료 원재료를 가지고 고도로 숙련된 조리사가 요리함으로써 달성될 수 있는 것이라고 생각되기도 했다.

그러나 그와 같은 인식 속에는 원가의식이 결여됨을 알 수 있다. 최고급이 아닌 일정 수준의 원재료를 이용하여 조리하더라도 그 품질만은 기대되는 수준에 미달되지 않는 것이어야 한다.

그러기 위해서는 주방 종사원들의 숙련도에만 의존할 것이 아니라 부족한 숙련도나 기술을 보충하거나 대신할 수 있는 다른 방안이 강구되지 않으면 안된다.

이와 같은 개념이 현대 호텔식당 경영에 있어서 품질관리인 것이다.

오늘날 품질관리의 관념이나 활동은 최고급 식당(gourmet restaurant) 뿐만 아니라 간이 스낵을 판매하는 조그마한 스탠드에까지 확대되고 있다.

또한 과거와 같이 식료의 품질수준 유지를 위해서 정기적 또는 최종적으로 식료제품을 검사함으로써 결점을 발견하려는 노력에 따른 비능률이나 불편은 지양되고 있다.

현대식 품질관리라면 적정한 설비계획, 생산과정 등의 조건 외에 제종사원들에 대한 교육 및 훈련 등을 통한 근본적인 여건조성에 의한 대량적 개념인 것이다.

품질관리를 위해서는 적정한 설비와 그의 올바른 사용뿐만 아니라 계량기, 구매명세서, 표준 조리법의 작성, 정확한 온도조절기(thermostats), 기타 밝으면 서도 너무 덥지 않은 작업조건 등이 전제된다.

그런데 식료업에 종사하는 종업원들의 사기는 그다지 높지 못한 것으로 나타나 있다.

경영자가 훌륭한 생산계획을 수립하고 요리에 필요한 설비를 제공한다고 해도 종업원들의 직업에 대하 자부심이나 긍정심이 비교적 부족한 식료사업에 있어서는 경영자가 그들의 적극적인 노력을 유도할 수 있는 동기를 부여하는 것이 식료의 품질관리를 위해 더욱 중요한 문제로 제기되고 있다.

이것이 즉 호텔의 식료에 대한 표준의식을 고취시킬 수 있을 것으로 기대되기 때문이다.

물론 그 구체적인 방법으로는 제방안이 모색될 수 있으나 특히 주방의 요리사가 그의 가족과 함께 다른 경쟁적인 호텔식당에 가서 그 식료의 품질수준을 직접 평가해 보도록 경영자가 비용과 시간을 허락해 줌으로써 종업원인 그의 의욕을 북돋아주는 한 예가 될 수 있다.

이러한 방법은 호텔의 여건이나 필요에 따라 웨이터나 웨이트리스 및 다른 종사원에게까지 확대 적용될 수 있겠다.

그런데 금세기에 들어와 식료사업에 있어서 괄목할만한 발전은 가공식품이나 편의식품의 출현이라 하겠으며 이것이 다소간 식료의 품질관리를 용이하게 해주고 있다.

이것은 환언하면 설비 및 생산의 자동화가 가져온 결과이기도 하다.

식료회사가 설비한 대규모의 생산설비 하에서 식료가 생산되므로 조직적인 품질관리 활동을 통한 제품의 표준화를 도모할 수 있으며 호텔에서 자체생산하던 식료를 어느 정도까지는 이러한 제품으로 대치할 수 있음으로 해서 품질관리가 어느 정도 용이해질 것으로 본다.

그러나 명예욕이나 사회적인 위신을 보장받으려는 욕구로 인해 호텔에서 식료를 구매하는 고객들은 때로 이러한 대량생산의 가공식품이나 편의식품에 대한 저항을 느낄지도 모르며 따라서 그 사용의 정도는 고객의 행동이나 욕구분석 결과에 의해 주의 깊게 결정되어야 할 문제이다.

2) 표준조리법(standard recipes)

표준조리법을 수립하는 까닭은 비단 식료의 원가를 절감하려는 목적뿐만 아니라 식음료의 품질을 일정수준으로 유지하려는 등 제목적에 기여하기 때문이다.

(1) 표준조리법에 의한 식료의 조리결과 일정한 품질과 맛을 유지하게 된다.

한번 호텔식당에 들렀던 고객이 다음에도 같은 메뉴를 주문했다면 그는 대개 과거에 그가 맛보았던 것과 같은 음식을 기대할 것이며 그 기대가 어긋날 때 배반감을 느낄 수 있다.

그러므로 항상 일정한 방식대로 식음료를 준비함으로써 상품의 품질수준을 유지할 수 있어야 한다.

(2) 원가계산을 위해 비교적 정확한 기초를 제공한다.

표준조리법에 의해 조리할 때 일정량의 원재료로부터 기대되는 식료상품의 산출고와 이것을 기초로 한 몫의 수가 비교적 정확하게 예측될 수 있으므로 사전에 포션 컨트롤(portion control)이나 원가계산을 위한 정확한 자료를 얻을 수 있게 된다.

(3) 표준조리법의 이용은 노무비 절감에 기여한다.

감독자를 별도로 두어 구두 또는 지시로써 종업원들을 감독해야 될 내용이 표준조리법으로서 기록되어 있으므로 비교적 적은 수의 감독자로서 충족될 수 있다.

(4) 표준조리법은 주방에서 필요한 숙련도의 수준을 저하시킬 수 있다.

조리 및 요리에 대한 표준기술이 덜 숙련된 종업원일지라도 표준조리법의 지시에 따라 일함으로써 그의 부족한 능력을 보충할 수 있다. 뿐만 아니라 표준조리법의 작성에는 경영자의 지시 내용이나 방침이 반영되어 있으므로 필요에 따라 항상 참고할 수 있다.

(5) 표준조리법에 의한 조리는 그 자체가 곧 원가관리인 것이다.

표준조리법의 지시에 의한 조리란 즉 원재료의 종류에 따른 사용분량이 이미 결정된 가운데 일정한 방법에 따라서 요리하는 것이므로 정확하게 사전원가로서 결정된 표준원가를 실현할 수 있는 여건을 갖추었다고 할 수 있다.

또한 일정한 작업순이나 조리방법에 따라 식음료가 준비되므로 소요 노동력이나 그에 대한 노무비의 사전계산이 가능하므로 정해진 표준원가를 초과하는 과대한 원가가 발생되지 않도록 관리할 수 있게 되며, 이것은 식음료사업의 목표달성에 기여하게 될 것이다.

(6) 표준조리법에 의한 조리는 종사원의 능력을 향상시킴으로써 특정 종사원에 대한 조리의 의존도를 완화해 준다.

숙련된 한 사람의 조리사가 혼자 전담하여 요리해야만 하는 것을 대신에 보통의 능력을 가진 종사원이 각각 분담하여 조리하도록 대치시킬 수 있어 특정인에 대한 의존으로부터 탈피할 수 있다.

이상과 같은 효과를 기대하려면 무엇보다도 종사원들이 표준조리법의 내용을 잘 알지 않으면 안된다.

모든 표준이 올바르게 준수될 때 이것을 전제로 하여 수립된 목표가 달성되기 쉽듯이 표준조리법도 작업장 또는 주방에서 종사원들이 쉽게 보고 활용할 수 있도록 비치해 두어야 한다.

물론 이러한 조리방법 또한 고객의 기호성향에 비추어 식료품질 테스트를 거쳐 채용된 것이어야 하며 따라서 그때 그때의 계절감각이나 향미가 고객에게 어필될 수 있는 것이어야만 한다.

3) 1인분 몫의 크기에 대한 관리(portion control)

(1) 서브할 정확한 크기의 결정

(2) 결정된 분량에 대한 정확한 준수여부

4) 표준 자르기(Standard Carving)

덩어리로 크게 요리된 식료는 완성된 후에 포션 크기(portion size)로 각각 등분되어야 할 것이다.

이때에도 아무렇게나 자른다면 좋은 부분을 서브 받는 사람이 있는가 하면 비교적 불량한 부분을 서브 받는 고객도 있게 될 것이다.

이러한 결과는 생산상의 여하한 품질관리 노력에도 불구하고 결과적으로는 식료 수요자의 불만족을 야기시키게 되어 식음료 사업목표에 지장을 주게 된다. 그러므로 자르는 방법에도 일정한 표준이 설정됨으로써 품질관리를 기해야 한다.

5) 파 스톡 관리(Par Stock Control)

이것은 식료생산의 편의와 그 원활화를 도모하기 위하여 채용되고 있는 식료 재고관리의 한 형태이다.

식당관리에 있어서 창고로부터의 식료재고의 인출은 대개 수주 후에 이루어진다. 그 까닭은 물론 식료의 부패나 폐기 또는 기타 형태에 의한 식료의 낭비와 손실을 방지하려는 것이나 거의 매일같이 일정수준으로 대량매출이 되고 있는 식료품목에 대해서는 오히려 이러한 방법에 의한 재고인출이 불편할 뿐만 아니라 실제로 노무비 원가관리나 고객의 수요에 반하게 되는 등의 제문제를 야기시키므로 부적당한 재고관리 방법으로 평가되지 않을 수 없다.

그러므로 일정 소요량만큼의 식료 원재료를 미리 저장고로부터 손쉽게 꺼내어 사용할 수 있는 방편이 강구되기에 이르렀는데 이것이 소위 Par Stock Control 방법이다. Par Stock이란 한 식사시간에 대한 정상적인 수요에 대비한 재고량이며 파스톡 컨트롤이란 고정재고 관리방식의 부분적 변형으로 볼 수 있다. 파 스톡의 유지에도 물론 나머지 식료가 발생되거나 또는 평소보다 많은 수요로 인한 식료부족으로 저장창고에서 새로이 추가해서 식료를 인출해 올 경우가 있다.

전날에 미사용 식료가 발생한 경우에는 그날에 새로 인출해 온 재료보다 먼저 사용하도록 할 것이며 출고된 재료는 Par Stock Control 양식의 출고난(Issue) 에 기록하도록 한다.

표 8-4. 파 스톡 관리(Par Sotck Control) 양식

요일 ________________ 기일 ________________

품 명	파(par) =기초재고	출고분			판매할 상품	차감: 기말 재고	실제 소비	장부 상의 소비	차이
		10:00 P.M.	10:30 P.M.						
써로엔 스테이크 (Sirloin Steak)	28	2			30	1	29	29	-
랍스터 (Lobster)	27		1		28		28	28	-
치킨 (Half Chicken)	36				36	4	32	32	-

재고조사자 ____________ 확인자 ________________

각 메뉴 품목별로 판매할 수 있는 상품의 물량은 par stock이나 기초재고에 출고분을 가산함으로써 구할 수 있다.

재고는 물론 식사시간이 종료된 후에 실사하여 "기말재고(closing inventory)" 난에 기재해 넣는다. 식사시간에 소비된 재고의 사용량은 전체의 상품에서 기말재고를 차감함으로써 산출되나 장부에 의한 각 품목의 재료소비는 판매기록(sales checks)에 의해 파악할 수 있다.

이 두 수치간에 차이가 발견되는 경우에는 즉시 그 원인을 규명함과 함께 수정조치가 이루어져야 할 것이다.

6) 편의식품(convenience foods)

식료사업에 있어서 세계적인 변화나 경향이라면 아마도 가공식품의 사용과 그 양적인 증대일 것이다.

편의식품이란 능률적으로 쉽게 완성된 식료를 만들어낼 수 있도록 준비된 식품 또는 가공된 기성식품 등을 말하며 깡통에 저장된 식료, 빵류, 씨리얼, 기타 냉동식품류 등이 널리 이용되고 있는 편의식품의 예이다.

이러한 편의식품은 사회경제적 변화에 의해 급격히 증대된 외식수요에 반해 급격히 상승하는 노무비, 숙련 조리사의 부족 및 양질의 식료와 서비스를 기대하는 고객의 욕구는 물론 심화가중되어 가는 경쟁, 원가의 압박으로 감소되는 이윤 등 복잡하고 어려운 제문제에 대한 필연적이고도 포괄적인 해결책으로서 강구된 노력의 결과로 볼 수 있으며 그 발전은 가속화되고 있는 형편이다.

(1) 편의식품 사용의 이점

① 소요 노동력을 격감할 수 있다.

편의식품은 주문에 의한 생산이 아닌 시장생산을 하므로 식료생산에 소요되는 노동력이나 노동시간이 상당히 감축된다.

또한 호텔에서 이것을 구매하여 사용한다 하더라도 완전하게 모든 식품을 자체생산에 의존하던 때보다는 훨씬 노동력을 절약할 수 있다. 그러므로 보다 많은 편의식품을 이용하면서도 과거와 동일한 작업조직과 노동력을 계속 유지하고 사용한다면 이것은 노동력의 낭비를 의미하며 이에 따른 과대한 노무비의 압박을 면치 못하게 될 것이다.

② 식료상품의 다양화를 기할 수 있다.

호텔이 자체생산에만 의존하여 식료를 준비하고 판매할 경우에는 노동력 여건에 따라 그 생산량이나 생산품목의 종류나 수량이 시간적으로 제한을 받을 뿐만 아니라 나머지 식료의 처리 등 문제가 수반됨으로 해서 상품의 다양화를 기하기가 매우 곤란하나 편의식품을 판매하여 사용함으로써 이를 보완할 수가 있다.

③ 숙련도가 낮은 종사원을 채용할 수 있다.

이미 상당히 준비가 되었거나 또는 완제품의 형태로서 구매되기 때문에 식료를 상품으로 판매하기까지 그다지 많은 기술이나 고도의 숙련이 필요되지 않으므로 보통의 능력을 가진 종사원일지라도 주방에서 능률적으로 그의 직무를 수행해 낼 수 있다.

④ 식품의 손실이나 폐기를 감소시킨다.

호텔주방에서 식료를 완전히 자체생산하려면 조리에 많은 시간이 소요되므로 고객의 수요에 맞추기 위해서는 매출예측에 의거하여 미리 식료를 어느 정도 준비해 두어야 한다.

그러나 아무리 신빙성 있는 자료에 의한 비교적 정확한 예측이라 할지라도 실제의 판매실적과 준비된 식료의 수량이 일치되기란 매우 어려우며 항상 나머지 식료의 처리문제가 발생되기 쉽다.

그런데 편의식품은 반 가공 또는 완전 가공식품으로 고객에게 서브할 수 있는 상태이므로 조리하거나 판매하기까지는 그다지 많은 시간이 소요되지 않는다.

즉 주문을 받은 후에 준비해도 신속한 서비스가 가능한 품목이 많으므로 주문수량에 맞추어서 식료를 생산할 수 있으므로 나머지 식료문제가 비교적 해소될 수 있을 뿐만 아니라 구매된 재료 상태로 상당시간 저장에 견딜 수 있기 때문에 폐기를 방지할 수 있게 되는데 이것은 결과적으로 원가상승 요인을 어느정도 배제하는 효과를 가져다 주게 된다.

⑤ 식료 원가를 개선할 수 있다.

식료의 생산에는 많은 요건의 조성이 전제된다.

작업조직의 편성, 작업공간, 설비비, 운용자본 및 기타 경비 등을 감안할 때 한 호텔이 이를 커버할 수 있을 정도로 동일 식료를 대량소비 또는 대량매출하지 않는 한 편의식료의 사용은 자체적으로 생산된 식료보다 훨씬 더 경제적인 이점을 가지고 있다.

⑥ 편의식품의 사용은 주방에서의 설비비용을 감축시켜 준다.

⑦ 영양 및 품질에 대하여 신뢰할 수 있다.

편의식품을 대량으로 제조하는 회사에서는 성수기에 식료재료를 대량구입하여 식품을 생산하므로 재료를 구입한 후 냉동이나 기타 특수한 방법으로 저장해 두었다가 꺼내어 그때그때 조금씩 요리하는 것에 비해 영양의 손실이 적을 것이다.

뿐만 아니라 호텔의 식료 저장창고에서 식료 원재료를 인출해다가 조리하기까지 놓아두는 시간동안에 발생되기 쉬운 식료의 부패 또는 폐기에 의한 요리품질의 저하 또는 식료원가의 상승을 피할 수도 있다.

편의식품은 물론 최고급이라는 차원에서의 품질보증이라기보다는 일정한 품질수준의 유지와 그 신뢰도에 의의가 있다고 하겠다.

(2) 편의식품 사용에 따른 결점

① 호텔의 식음료 사업경영상 결정된 일정의 품질수준에 부합되는 편의식품의 확보가 용이하지 않다.

편의식품도 그 종류가 다양하여 여러 회사에서 제조되므로 그 수준이 일정한 것이기를 기대하기가 곤란하기 때문이다.

② 많은 이점에도 불구하고 우리나라에서는 아직 가공식품이 크게 발달되지 못했으므로 편의식품조차도 주로 외국으로부터 수입해야 될 형편인데 그 절차가 복잡할 뿐만 아니라 많은 시간이 소요되므로 그때그때 고객의 수요에 맞추어 신속하게 식료를 구입하기가 용이치 않다. 더구나 외국관광객을 주된 고객으로 하는 관광호텔에서는 식료의 품질이 중요시되므로 어떤 품목에 대해서는 국산제품이 있어도 외국산을 수입해야만 되므로 더욱 그러하다.

③ 고객과 종업원들의 저항일부 고객은 대량생산되는 편의식품의 사용을 품위나 고귀성 추구에 대한 저해로서 인식하는 경우가 있다. 종사원들 중, 특히 숙련도가 높은 조리사들은 다음과 같은 이유로 해서 편의식품 사용에 대해 거부반응의 경향

을 보인다.

㉠ 경영자가 자신들의 능력을 무시한다고 느끼기 때문에

㉡ 편의식품이 자신이 만들 수 있는 요리에 비해 맛이 떨어진다는 이유로

㉢ 숙련 조리사에 대한 필요성이 적어져서 직장을 잃게 될지 모른다는 우려 때문에

④ 설비의 필요

생산을 위한 설비비는 오히려 감소될 수도 있지만 냉동식품 등을 이용한다거나 하는 경우에 이를 저장할 냉동고나 설비의 공간 및 경우에 따라서는 다시덥게 할 수 있는 오븐 등의 기구가 추가적으로 필요되므로 또 다른 형태의 설비비가 소요된다.

03 수율(yield)관리

수율 테스트(yield tests)는 공급업자에 의해 납품되는 가공하지 않은 제품에서 실재로 유용한 가용제품이 어느 정도인지를 측정하는데 도움이 된다. 수율테스트는 동일한 제품 가운데, 둘 혹은 그 이상의 납품업자가 제시한 가격을 기준으로 사용 가능한 수량과 품질을 구별하는데 도움을 준다. 수율(yield)이라는 것은 가공되지 않은 상태에서의 중량이나 정량(portion)에서 가공과정을 거친 후 고객에게 서비스가 가능한 식재료 아이템의 순수한 정량 혹은 중량의 비율을 의미한다.

수율(생산율) 테스트의 목적은 ; ① 보다 정확한 원가로 합리적인 매가를 결정하는데 필요한 정보를 얻고, ② 같은 아이템이라도 수율이 높은 아이템을 구매할 수 있는 정보, ③ 준비와 조리, 그리고 서빙하는 데에서 생기는 손실을 감안하면, 정해진 표준 1인 서빙분량으로 얼마 정도의 고객을 서빙할 수 있을까 하는 정보를 얻기 위함이 근본목적이다.

수율은 최종적으로 얻어지는 정량의 수 혹은 생산비율(yield percentage)로 나타낸다. 정량의 수는 예를 들면 안심으로부터 나온 10oz 스테이크 8인분(8portion) 혹은 1lb 팩에서 나오는 토마토 4인분을 의미한다. 생산비율은 사용 가 능한 제품의 비율이다. 생산비율을 구하기 위해서는 원래의 중량(raw product weight or purchasing weight)으로 사용 가능한 중량을 나눈다(이때 lb는 lb로, oz는 oz로 동일한 중량 단위를 사용하여 나눠야 한다). 초기의 기준 수율은 향후에 동일 납품업자로부터 구매되는 동일 제품에 대한 비교 기준으로 활용된다.

예를 들어, 구입한 쇠고기 안심이 일반적으로 11lb 중량이며 평균적으로 사용 가능한 양을 9.5lb 가량 얻었다면, 수율은 86.5%가 된다. 14lb 안심의 구매로 순수 12.1lb의 사용 가능한 스테이크를 얻게 된다. 또한 수율은 특정 제품이 산출하는 정량의 수를 계산하는데 이용된다. 원래의 중량에 수율을 곱한 후, 그 결과를 정량의 무게로 나누어 계산된다. 만약 스테이크의 정량 무게가 8oz 혹은 0.5lb 라면, 11lb 안심부위는 0.5lb 혹은 8oz 짜리 19개의 스테이크가 나온다([11×0.865]÷0.5G 19). 14lb 안심부위에 86.5%의 수율을 곱하면, 0.5lb 스테이크 24개로 제공될 수 있다. 그러나 이러한 산출 공식은 스테이크의 크기나 형태에 따라 달라질 수 있으며, 경우에 따라서 최종제품(end product : EP)의 원가가 높아질 수 있다. 왜냐하면 사용 가능한 고기의 부분이 스테이크로 쓰이지 않고, 오히려 보다 낮은 구매가격을 지불하고 구입할 수 있는 아이템(예를 들어, ground beef : 다진 쇠고기) 대용으로 사용될 수 있기 때문이다. 최종 제품가격은 EP(최종제품)G AP(as-purchased, 구매당시제품)÷Yield(%)로 구할 수 있다.

만약 식음료업장이 최종제품의 원가 상승에 대응하여 메뉴가격을 올리지 않는다면, 잠재적으로 식음료업장의 식재료원가가 상승하는 원인이 된다.

(1) 자체가공 혹은 가공품 구입의 결정

많은 납품업자들이 미리 정량 단위의 가공품을 판매한다. 따라서 사용자인 식음료업장의 입장에서는 이 아이템을 가공, 준비하는데 인건비가 소요되지 않으며, 또한 가공 처리할 경우 발생하는 쓰레기 처리비용도 절약할 수 있다. 물론 가공품을 구입하는 데에는 보다 높은 비용을 지불해야 한다. 따라서 아이템을 미가공 상태인 낮은 가격에 구입해서 직접 조리-준비해야 하는지, 아니면 가공된 제품을 구입해야 하는지에 대해 신중하게 검토해야 한다. 생산율 평가는 아이템을 가공-준비하는 데 드는 쓰레기 처리비용과 인건비를 제시해준다. 그 다음 단계로 이미 가공된 제품의 구매비용과 비교, 평가할 수 있다. 이것은 자체가공 혹은 가공품 구입결정(make-or-buy decision)이라고 불리며, 구매시 자주 다루게 될 문제이다.

관계된 모든 비용을 고려하는 것은 구매관리자의 직무이기 때문에, 담당자는 제품을 직접 조리, 준비할 것인지 아니면 가공품을 구입할 것인지를 평가하는데 있어 신중을 기해야 한다.

한편, 구매관리자는 '프라임 코스트(prime cost)'에 의해 평가할 수 있다. 프라임 코스트 팩터(prime cost factors)는 현장에서 제품을 처리할 때 운영자가 직면하는 다양한 비용 중 가장 큰 부분을 차지하고 있는 비용들을 의미한다.

일반적으로 프라임 코스트란 인건비, 재료비와 제품준비과정에서 확인된 간접비 등을 의미한다.

이 원가 정보는 식품을 포함하여 자체 가공 vs. 가공품 구입 결정의 효과를 증명하기 위해 제안되었다. 제품을 준비하는데 다양한 숨겨진 비용이 있다는 것을 이해하고, 그 비용들이 원가에 영향을 미친다는 사실을 고려해야 한다.

프라임 코스트와 관련된 비용은 다음과 같다.

- 비 가공 재료의 관리비용 : 주문, 검수, 검역, 저장
- 상하수도 및 광열비 : 수도 이용, 냉장, 보관, 쓰레기 처분
- 인건비 : 적정가용능력 대비 초과 인건비, 보험, 세금, 교육훈련비 등
- 직원 지원 및 교육훈련 : 관리감독과 품질 조절
- 작업공간의 준비 : 청결유지 및 직원 위생
- 조리준비/필요 설비를 위해 요구되는 부가적 공간비용

– 작업관련 부상으로 인해 발생하는 시간

– 부가가치 : 가공제품을 구입할 경우, 구매량의 100% 사용가능. 일관성과 더 나은 재고통제는 추가적인 장점이다.

(2) 육류수율시험

육류수율시험(butcher tests)은 수율시험의 일종이다. 육류수율시험은 손실, 손질 그리고 조리손실을 처리한 후의 고기, 가금, 생선 그리고 해산물에 대한 실질적인 정량 원가를 측정하는 데 이용된다. 식음료 업장에서는 메뉴를 변경할 경우 또는 새로운 육류 공급업자로부터 물품이 납품될 경우 새로운 품목에 대해 육류수율시험을 수행할 필요가 있다.

육류수율시험은 비가공(raw) 식재료가 조리된 후 순수 생산율(net yield), 표준 정량 크기 및 수 그리고 정량원가를 얻기 위해 사용된다. 수율시험의 정확한 결과를 얻기 위해 평균 결과를 이용하는데, 적어도 2조각 이상의 표본으로 시험하여 결과를 얻어야 한다. 표 8-5는 전체 평가과정을 제시한다.

① 표에 필요한 정보를 입력한다. 단위 구매원가와 구매된 중량을 비롯해 납품업자의 정보를 포함시켜야 한다. 이것들은 아래표의 문자열 B, C 그리고 D이다.

② 표의 최상단에 테스트하는 제품의 이름과 기술내용을 적는다(표 8-5에서는 Beef Tenderloin). 육류를 조각(cut)한 경우, 최상위급 조각(prime cuts)과 차상위급 조각(secondary cuts)을 구분해야 한다. 이들은 납품된 육류로부터 얻은 사용 가능한 조각이다. 문자열 A에 최상위급 조각의 수를 입력한다(표 8-5에서 8oz 안심 스테이크이다).

③ 모든 차상위급 조각에 대해 납품업자로부터 lb당 가격정보를 얻어 입력한다. 한편, 지방, 피, 진공포장(cryovac) 등은 사용하지 않기 때문에 어떤 가치도 부여하지 않는다. 다음으로 '차상위급 조각' 해당항목에 가격과 중량을 입력한다. 표 8-5에서 차상위급 조각은 다진 고기(ground beef)가 해당된다. 차상위급 조각의 전체 중량과 가격은 문자열 E에 놓인다. 또한 가격에

있어서 달러 기호를 사용하여 그것들을 일렬로 작성, 유지한다.

④ 문자열 D로부터 문자열 E의 중량을 차감하여 최상급 조각의 중량을 구한다. 그 결과는 문자열 F로 간다.

⑤ 문자열 G에서는 제품의 1lb로부터 얻을 수 있는 조각의 수를 나타낸다.

이번 예시에서는 각 조각이 8oz이므로 lb당 2개의 조각이 나온다.

⑥ 문자열 H는 완제품 중량(servable pound)에 대한 정확한 원가를 얻게 되므로 매우 중요하다. 전체 가격 문자열 C에서 차상위급 조각의 원가가치인 문자열 E를 뺀다. 그 다음, 그 결과를 lb 수인 문자열 F로 나눈다. 이결과를 무자염 H에 기록한다.

⑦ 원가계수(cost factor). 문자열 I는 lb당 구매원가 대비 완제품 원가의 비율을 나타낸다. 문자열 B로 H를 나누고, 그 결과를 문자열 I에 기록한다.

⑧ 문자열 J는 딘순히 문지열 G로 문지열 I를 나눈 것이다. 이것은 정량 크기(portion size)에 적용 가능한 원가계수를 나타낸다.

⑨ 문자열 K는 실질적인 정량 원가를 나타낸다. 문자열 B에 J를 곱하거나 문자열 G로 H를 나누어 구한다.

⑩ 다양한 고기 품목(예를 들어 port loin, London broil, prime rib)들은 조리 된 후에 정량화(portioning)된다. 모든 것이 시험, 평가되어야 하며 조리중 발생한 손실(낭비)을 파악해야 한다. 조리 온도는 고기의 축소(수축)를 증가시키는 경향이 있기 때문에 또 다른 수율의 변동요소이다. 한 연구에 의하면, 화시 325도에서 15.8% 수축하고 화시 500도에서는 30.4% 수축이 발생된다는 사실을 보고하고 있다. 따라서 수율의 증가를 목적으로 하는 굽기를 실행하기 위해 낮은 온도가 바람직하다고 할 수 있다. 즉, 육즙이 풍부하고 고른 갈색을 띄는 고기요리를 위해 낮은 온도에서의 조리가 추천된다.

표 8-5. 소고기 안심(filet)의 육류수율시험

				업자 A	업자 B
	가정 (Assumptions)				
	구매 육류의 품질등급			5# up	6# up
A	Primary cut per menu item (ounces)			8.00	8.00
B	Price per pound ($) (lb당 가격)			6.21	6.69
C	Purchase price ($) (구매가격)			449.60	484.36
D	Purchase weight (pounds) (구매가격)			72.40	72.40
	Purchase price per ground beef ($)			1.38	1.38

	육류수율시험 결과				
		업자 A	업자 B	업자 A	업자 B
		Weight in pounds		Value($)	
	Blood, cryovac, and fat	3.25	5.25	0.00	0.00
	Ground Beef (at $1.38 per pound)	30.86	22.77	42.59	31.42
	Beef Bone	0.00	0.00	0.00	0.00
	Stew Meat	0.00	0.00	0.00	0.00
E	Total	34.11	28.02	42.59	31.42

	시험결과의 계산				
F	Primary filet cut (pounds)			38.29	44.38
	line D – line E				
G	Portion per pound (lb당 정량)			2.00	2.00
	pound = 16oz.				
H	Cost per servable pound (완제품 중량원가)			10.63	10.21
	(line C – line E) ÷ line F				
I	Cost Factor per pound (lb당 원가계수)			1.71	1.53
	cost factor = line H ÷ line B				
J	Portion cost multiplier or cost			0.86	0.77
	line I ÷ line G				
K	portion cost (정량원가)			5.34	5.15
	line J × line B				
L	Yield percentage (생산비율)			58.42	65.52
	line B ÷ line H				

문자열 I는 원가계수(cost factor)로써 정확히 이해할 필요가 있다. 원가계수는 lb(중량)당 구매원가 대비 완제품 원가의 비율이다. 이것은 업자를 비교하는데 있어서 매우 유용하다. 원가계수가 1에 가까울수록 구입한 품목으로부터 얻는 가치가 증가한다(즉, 가공 및 조리과정에서의 손실이 적다는 것을 의미). 표8-5에서 보면, 업자 B의 제품은 업자 A의 제품에 비해 보다 많은 양의 안심(최상급 조각)을 가

지고 있다. 또한 일단 원가계수가 정해지고 나면, 동일한 제품구매와 정량기준(portion standard)을 적용하는 한, 가장 바람직한 정량원가를 얻기 위해서 구매시장 가격협상에 원가계수를 적용할 수 있다.

표 8-5에서 안심의 정량원가는 납품업자 A의 $5.34와 납품업자 B의 $5.15이다. 직접 가공할 것인지 혹은 가공품을 구매할 것인지의 결정에 있어 육류수율 테스트 결과를 활용할 수 있다. 한편, 식음료업장에 충분하게 경험이 있는 육류가공자(Butcher)를 보유하고 있더라도 정량관리(portion control)의 일관성을 유지하기에는 미리 정량-가공된 제품(pre-portioned products)을 활용하는 편이보다 바람직하다는 것을 알아둘 필요가 있다. 미리 정량-가공된 육류의 부가적인 이점으로는 자체적인 육류 정량과정에서 발생할 수 있는 정량 수(the number of portion)의 비일관성을 제거함으로써, 식음료업장에서의 재고조사를 용이하게 한다는 점이다.

결론적으로, 이러한 테스트는 납품업자의 납품가격에 대한 정확한 평가를 가능하게 한다. 납품업자 B는 실제로 가격과 품질에서 납품업자 A보다 우수하다.

단순히 lb당 구매가격(문자열 B)으로 구매를 결정지었다면, 납품업자들이 제시하는 표면적인 가격에 속게 될지 모른다. 예시된 표 8-5는 고기, 생선부터 농산물까지 모든 제품군에 있어서 이런 테스트를 행해야 하는 필요성을 증명하고있다.

(3) 비가공식품의 시험평가

납품업자가 과일과 야채에 대해 최적의 수량과 중량을 공급하고 있는지 결정하기 위해서 비가공식품의 시험평가를 수행할 수 있다. 예를 들어, 한 상자에 몇 개의 토마토가 들어오는지 혹은 하나의 토마토에서 몇 개의 조각을 얻을 수 있는가 등이다. 이 테스트는 다양한 크기, 포장(packing) 그리고 과일과 야채의 상태(껍질이 벗겨진 것인지 아닌지, 깨끗하고 바로 사용할 수 있는 상태인지 혹은 손질을 요하는지)를 기초로 하여 손실량(버려지는 양)과 생산율을 결정하는 것이다.

(4) 캔류의 시험평가

원가관리에 사용되는 또 다른 시험평가는 캔(통조림) 절단 테스트(can-cutting test)이다. 캔류, 냉동 혹은 건조 아이템의 대량 사용 시, 이 시험평가는 최적의 구입을 확인하기 위해 수행된다. 이 경우 "최적" 이란 구매명세서와 비즈니스기준에 부합되는 것을 의미하는 것이다.

이 시험평가에서, 제품용기 안의 물을 빼낸 내용물의 개수확인이나 중량측정을 통해 캔류 제품의 생산율을 확인할 수 있다. 오직 변수는 테스트 될 제품이므로 과학적인 방법을 이용해야 한다. 예를 들면, 동일한 액체 방수(배수)시간적용, 액체 방수를 위한 동일 크기의 체 사용방법 등이다. 캔의 라벨에 표시된양보다 사용 가능한 중량을 확인하는 것이 중요하다. 최종제품가격(end-product price)을 결정하기 위해서는 제품의 무게, 수량, 조각 혹은 정량에 관계없이 판매되는 단위를 사용하여 항상 계산을 수행하여야 한다. 라벨(분류표)을 읽되 테스트 전까지는 판단을 내려서는 안된다. 왜냐하면 캔류제품이 낮은 밀도나 공기를 포함하고 있을지 모르기 때문이다.

(5) 주요 건조식품의 시험평가

밀가루류(e.g. 파스타), 쌀 그리고 오트밀(곱게 빻은 귀리) 같은 몇몇 아이템은 조리시 부피나 중량이 증가한다. 원가 및 가치를 평가하기 위해 이러한 아이템의 생산율 요소를 결정해야 한다.

(6) 블라인드(blind)맛 시험평가

납품업자의 견본제품의 맛을 평가하는 데에 있어서 자사의 직원을 활용할 수 있다. 한 군데 이상의 업체에서 제품의 견본을 준비하고 아이템에 아무런 라벨도 붙이지 않는다. 제품을 테스트할 사람은 제품이 어느 브랜드인지 알아서는 안된다. 여러 명의 평가자를 이용하고 최고의 맛을 낸 제품을 결정하기 위해 패널들이 평가한 결과의 평균을 구한다.

STO
RCL
%
DSP
PRT
EXIT
INPUT
+/−
7
8
9
4
5
6
1
2
3
×
−
+
=

Chapter 9.
식음료의 영업관리

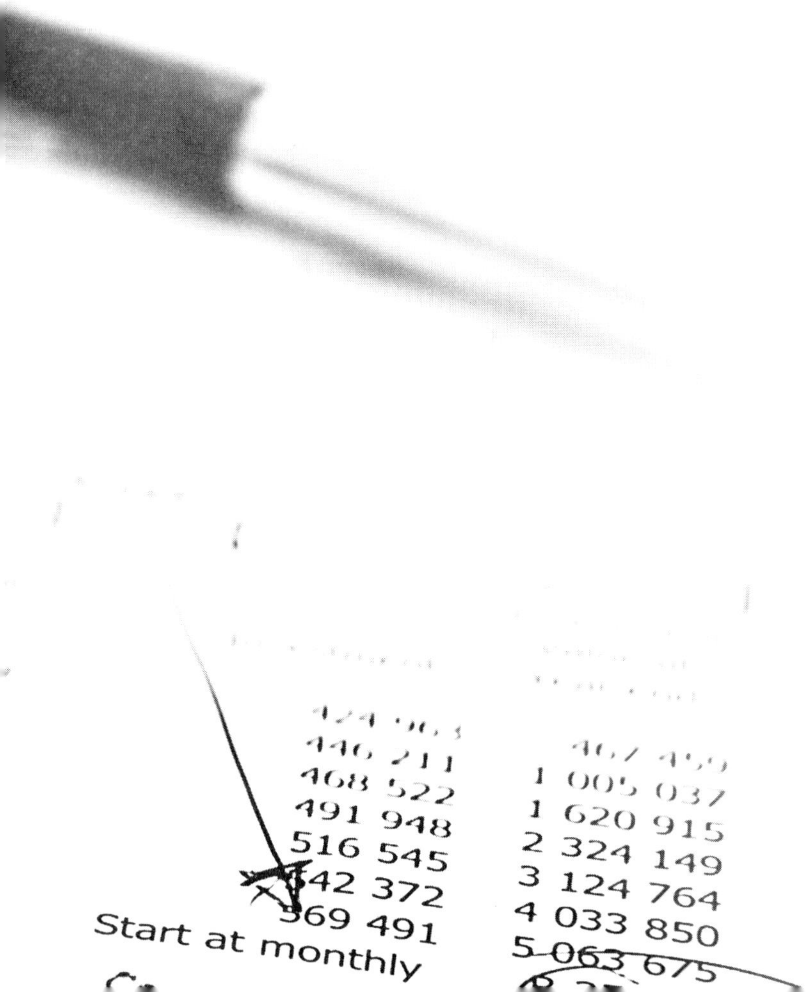

|01| 식음료 매니저의 역할

1) 식음료 매니저의 업무

무한한 잠재력을 지닌 외식산업에서 식음료 매니저(Food & Beverage Manager)의 역할은 도전적 경쟁에서의 생존, 기회포착 그리고 재무성과 달성으로 요약될 수 있다. 이러한 역할을 제대로 인식하고 수행하기 위해서는 모든 식음료 관련 부서들과의 원활한 커뮤니케이션 관계를 수립, 유지해야 한다. 특히 커뮤니케이션에 있어 체계적인 순서와 정규적인 절차를 따라야 하며, 동시에 이러한 과정은 쌍방적이어야만 효과가 나타난다. 식음료 매니저의 직위는 회사에 따라 다를 수 있지만, 그들이 수행해야 하는 업무기능은 동일하다. 예를 들어 상당수 독립경영 레스토랑에서의 운영책임자들은 대부분 주방장 혹은 매니저이다.

식음료 매니저는 식음료 부문 최고책임자로서 영업정책 계획 및 수립, 실천방안, 영업장 운영 및 관리, 식음료 전체의 마케팅방안과 판매촉진방안 마련, 직원의 근무평가와 인사관리 등을 책임진다.

일반적으로 식음료 매니저 자격은 호텔 모든 부서의 업무파악을 할 수 있는 경험이 있어야 한다. 그리고 음식 및 음료에 대한 해박한 지식과 각국의 매너와 국제적인 감각을 가지고 있어야 하며, 또한 향후 업계의 경향과 호텔경영을 위한 주위환경을 파악할 수 있는 능력과 이해할 수 있는 능력이 있어야 한다.

아울러 종업원관리에 있어서도 종사원의 욕구를 잘 파악하여 능률적인 경영을 할 수 있는 대인관계와 리더십이 있어야 한다.

(1) 가치 및 효익에 대한 고객의 지각

대부분의 회사들은 일정기간에 걸친 고객 설문결과 또는 경영층의 경험과 판단에 기초해 고객의 지각 혹은 가치에 대한 의사결정을 한다. 이 가운데 경영층의 경험과 판단에 기초한 분석방법은 극히 주관적인 것으로 개별 관리자의 편견과 실수가 개입될 소지가 있다. 그러나 어떠한 방법을 택하든 분석의 목적은 다음 사항들을 평가하는 것이다.

- 편의성과 적정가격 : 고객이 원하는 모든 시점에서 식음료가 적정가격으로 공급되어야 한다.
- 정품메뉴제공 : 메뉴 상품은 정품의 형태로 제공하여 품질을 담보하여야 한다.
- 정확한 계산서의 적시 제공 : 계산서가 고객에게 적시에 제공되지 못하거나, 혹은 고객과의 계산 시비로 인해 호텔측의 손실이 발생할 수도 있다.
- 신속한 계산처리 : 최종 사용금액을 파악하기 위해 고객으로 하여금 프런트 데스크 또는 cashier 앞에서 기다리도록 하지 않아야 한다.

(2) 재고 관리

관리자는 식음료 재고와 매출을 책임 있게 관리할 수 있어야 한다. 우선 물품창고에서 식음료 업장으로 출고되는 내역이 기록되는 '출고요청서(requisition form)' 와 '실제 매출명세표(sales record)' 가 정확히 일치해야 한다. 기타 관리이슈로는 적정재고 유지, 재고의 손상 및 부패 방지, 재고보충 및 재고회전 시 발생되는 인건비 관리 등이 있다.

(3) 메뉴분석

메뉴분석의 목적은 판매량(고객선호도)과 판매품목의 수익성을 평가하기 위한 것이다. 판매품목들은 수익성과 고객선호도에 따라 평가되어야 한다. 판매부진품목과 단종품목들이 발생되기 때문에 메뉴분석을 주기적으로 수행하는 것이 바람직하다.

(4) 보안 및 절도 예방

식음료 매니저는 사실상 원가관리자(cost controllers)로서의 역할을 한다. 식음료 관련 영업 관련 보안을 유지하고, 직원들에 의한 도난을 예방하여 손실을 최소화시키도록 해야 한다.

2) 식음료 매니저 직무기술서

매니저는 운영 효율성을 향상시키기 위해 정책개발, 절차수립 그리고 실행의 책임을 가진다. 또한 자금 흐름 및 수익의 극대화 및 수익목표달성의 책임도 부여받는다. 이를 위해 매니저는 비용, 수익 그리고 인원의 적절성 정도를 분석하거나 원가효율성 극대화를 위한 관리절차를 수행해야 한다. 식음료 매니저의 주요 직무기능은 원가관리이며, 특히 이와 관련한 기능은 일반적으로 식음료 매니저 직무기술서(Job description)에 명시되는 다음과 같은 것들이 있다.

(1) 노동생산성 관리

- 인건비 예산과 운영 목표범위 안에서 인력운영의 효율성을 극대화시킬 수 있는 계획 수립
- 직원 근무일정표 관리, 인력운영 노력을 배가하기 위해 하급 관리자에게 생산성 성과에 대한 커뮤니케이션 및 피드백 제공
- 일관성 있는 인력운영을 위한 생산성 지표의 지속적인 점검 및 관리

(2) 평가 및 진단

- 조직운영에 대한 정기적인 평가방법 구축 및 지속적인 실행
- 운영상의 문제 발생시 원인분석 및 평가실행
- 수익과 운영목표에 영향을 미치는 내, 외부 영향요인을 식별하고 분석함과 동시에 적절한 수정(안) 권고
- 최상의 운영을 위한 정책 또는 절차의 변경 제안

(3) 재무보고

- 수입, 지출, 고객 수 및 점유율에 대한 일별, 주별, 월별, 연간 통계치 수집과 재무보고서 작성
- 수입 및 지출 산정의 정확성 여부 및 절차의 여부를 감독 및 확인

(4) 기타 의무

- 컴퓨터 시스템(POS 시스템)의 구매와 활용결정 및 운영상의 효과성 평가
- 월말 재고조사 관리 및 지원
- 사업규모에 적절한 비용예산 수립
- 메뉴가격의 적정성 판단 및 변경 권고
- 수입 극대화 전략 및 비용관리 시스템 개발
- 원가 및 수입 예측(구매시장 및 판매시장 환경변화 예측, 수요예측 등)
- 연간 수익계획 수립 및 실행

경영예측 |02|

1) 경영예측 방법

경영예측(business forecasting)은 기업의 미래성과를 예견하는 것이다. 특히 예측은 예산수립의 토대로 기능하기 때문에 계획과정에 있어 빠져서는 안 될 부분이다. 더욱이 식음료 원가관리자들은 효과적인 경영예측을 통해 관리상 여러 부분에서 나타나게 되는 취약점에 대한 개선방안을 적시에 그리고 적절하게 찾아낼 수 있다. 예를 들어 원가관리자의 경영예측 결과는 통상적으로 운영과 관련한 쟁점

(구매계획이나 직원의 근로시간계획 수립 등)과 재정적 결과(추정원가나 매출 비율) 등의 관리에 적용될 수 있다. 따라서 예측은 기업전체의 다양한 활동을 조절하기 위한 근간이 된다.

경영예측에 접근하는 여러 가지 방법들이 있지만 상황에 적합한 특정 방법을 결정하기 위해서 반드시 관리자들이 고려해야 할 범주는 다음과 같다.

- 방법의 실용성 또는 필요 정보획득 가능성
- 결과의 신뢰성
- 방법의 비용-효율성

경영예측의 방법에는 '통계적 방법(statistical method)' 과 '추정(estimation)' 이 있다. 외식 산업에서 가장 일반적으로 쓰이는 방법은 추정적 접근법이다. 통계학적 접근방법의 사용은 충분한 자료의 집계 및 분석에 드는 시간과 비용 때문에 일반화되지 못하고 있다. 과거 자료를 토대로 활용하는 통계적 방법과는 달리, 추정에 의한 예측방법은 상대적으로 주관적인 편이다. 이 방법은 예측하는 사람의 경험, 레스토랑에 관한 전문지식, 판단 그리고 직관 등이 의미있고 신뢰할 만한 예측을 만들어내는 토대가 된다고 가정하고 있다. 까다로운 통계적 정보가 예측에 있어 유효성이 높은 것은 사실이지만, 이것이 반드시 필요한 것은 아니기 때문에 추정적 접근이 상당히 실용적이라고 볼 수 있다. 즉 추정에 의한 방법은 한정된 수의 사람이 제한적인 시간동안 예측을 수행할 수 있다는 점에서 비용-효율적인 면을 가진다. 그러나 추정접근법에 대한 신뢰성은 예측자의 직관과 예측자의 예견능력에 크게 좌우될 수 있으며, 주관적 예측이기 때문에 과거 예측성공이 향후 예측에 대한 성공을 완벽하게 보장할 수 없게 된다.

식음료와 룸서비스를 동시에 운영하는 호텔산업에서도 추정적 예측기법을 활용하며, 그 방법은 다음과 같다.

- 첫 번째 방법은 판매팀 접근(sales team approach)에 의해 평가하는 것이다. 판매직원 또는 판매담당 매니저가 개별적 제품판매 및 전체 매출을 추정하는 것이다. 이러한 "하의상달(bottom up)" 식 접근은 개별 판매원들이 기업에서 그들이 담

당하는 일부분에 대한 판매를 추정한 뒤, 담당 매니저가 각각의 추정견적들을 총체적 예측을 얻기 위해 조합하는 방식으로 이루어진다. 이 접근법은 통계적인 것이 아니며, 과거 자료를 이용 또는 적용할 수 없는 조건에서 판매 담당자들의 다양한 판단 요소들과 경험을 통합하는 것이다. 단점으로는 결과가 판매부서에서 가장 영향력 있는 직원의 선입견이나 견해로부터 영향을 받기 쉽다는 점이다.

- 두 번째 방법으로 고객기대(customer expectation)를 활용할 수 있다. 관리부서가 경영예측을 하기 위해 고객 표본조사를 통해 모은 정보를 분석한다. 고객욕구나 기대변화에 대한 즉각적인 인식이 가능하다는 이점을 가지고 있으나, 반면에 이러한 방법은 고객이 다수이거나 혹은 목표 고객을 명확히 구분하기 어려운 시장상황에서는 사용하기가 어렵다.

- 세 번째 방법으로는 임원진 의견수렴(executive opinion)이 있다. 이 방법은 최고 경영진의 견해 및 의견을 조합한 후 평균화하여 구성되는 것으로서 호텔의 경우, 의견수렴시 폭 넓은 경험과 의견을 얻기 위해 주방, 구매부, 경리부, 식음료팀, 판매팀과 같은 부서의 임원진을 동시에 소집하고 있다. 작은 사안에 대해서는 경영주, 총지배인 혹은 임원급을 통해 이 방법이 이루어질 수도 있으며 이 방법의 장, 단점은 판매팀 접근법과 유사하다.

추정에 의한 경영예측이 사실로 확인될 때까지는 객관적으로 평가되거나 실증될 수 없다. 이것이 앞서 언급한 예측방법의 단점이라 하겠다. 그와 더불어 예측 자체가 본질적으로 주관적이기 때문에 예상하지 못한 결과가 발생하거나 동시에 구체적 이유나 원인이 발견되지 않을 수도 있다. 따라서 실제의 결과가 나타난 후 식음료 원가관리자는 보다 신뢰성 있는 경영예측을 위해 결과를 분석한 후, 미래의 경영예측 방법을 개선해야 한다.

또한 식음료 원가관리자들은 각 업장의 비용과 매출에 대한 예측을 하게 되는데, 비용의 조절 및 관리를 통해 실제 비용이 예상(계획) 비용을 초과하거나 일치하는지를 확인하는 것은 매우 중요하다. 한 가지 전략으로써 정확하고 적시성 있는 수요분석 보고서(cover analysis report)를 개발할 수 있다.

2) 경영예측과 예산편성준비를 위한 주요업무

타당한 근거와 정확한 판매예측 없이 수립된 계획과 예산은 쓸모없거나 혹은 많은 문제를 발생시킬 수 있다. 식음료 원가관리자는 과거의 업무성과를 바탕으로 미래에 대한 예측을 수행한다. 일반적으로 외부사업 환경과 내부경영정책 및 절차라는 두 가지 요인이 과거의 경영성과에 영향을 주었다고 보아야 한다. 따라서 그와 관련된 정보의 수집을 통해 경영과 관련한 일반적인 동향을 파악할 수 있다. 관련된 정보로서 과거의 메뉴, 고객, 판매원 그리고 직원에 대한 자세한 정보는 물론 경제적 상황에 관한 일반적인 자료가 포함되어야 한다.

수집된 자료를 통해 과거 업무수행을 분석함으로써 식음료 원가관리자는 기업 내부의 약점을 찾아낼 수 있으며 구매, 저장, 재고관리, 직원채용과 수급, 구매 및 설비이용에 대한 과거기록의 분석은 차기 예산편성시 개선되어야 할 요소들을 정확히 지적하는 데 도움이 된다. 또한 외부의 컨설팅을 통해 이와 같은 분석을 수행하도록 할 수 있으며, 이 경우에는 주관성의 개입을 줄일 수 있어 상당히 객관적인 분석결과를 도출해낼 수 있다.

판매부서가 예측을 위해 요구되는 요소들은 다음과 같다. 먼저 전체적인 경제동향변화, 제품변화, 서비스 변화 그리고 예기된(계획한) 마케팅 방침을 포함하여 기본적인 가정과 추정을 하게 된다. 이러한 여러 변화에 대응하기 위해 식음료 원가관리자는 시장조사 보고서를 준비하여야 하며, 개별 혹은 단체 고객의 욕구 및 기대를 조사하고 분석하여야 한다. 이러한 과정을 거치고 나면 기본가정이 좀 더 자세히 다듬어지고 정량적인 계획을 수립하게 되고, 이를 통해 판매예측(sales forecast)과 판매계획(sales planning)이 입안된다. 일반적으로 판매예측과 판매계획은 예산수립의 기본 틀로서 영향을 미치기 때문에 예산수립 전에 반드시 선행되어야 한다.

다음으로, 판매계획이 전년도 자료 및 기록과 비교되어야 한다. 마케팅, 자금개선(capital improvement), 교육훈련을 포함해 이 같은 계획을 수행하기 위해 필요한 비용이 고려된다. 신규 또는 과거의 경영 자료를 토대로 판매와 관련된 다른 비용들이 추정되어야 하며, 이러한 비용들은 반드시 예산으로 편성되어야 한다. 외식산업의 경우

단위 매장에 따라 입지한 시장의 크기와 유동인구, 고객의 메뉴 선호도와 수익성, 시장의 경제상황 등과 같은 다양한 요소들이 판매업무에 영향을 미친다. 따라서 매출계획 및 예산편성시 이와 같은 요소들을 고려할 필요가 있다. 이어서 일단 판매예측과 판매량이 예산에 반영되고 나면, 비로소 관리부서는 판매원가를 평가하고 그 유용성에 대해 예견할 수 있다.

03 크레디트관리

원가계산에서는 순수한 고객 이외의 소비자들이 소비한 몫을 크레디트(credit)라고 하는데 호텔에 따라 항목과 처리기준이 다르다.

각 판매지점에서 순수한 고객이 소비하고 지불한 몫이 얼마나 되나를 찾아내는 것도 원가관리의 목적이다.

일반적으로 호텔에서 사용하고 있는 크레디트의 항목을 살펴보면 다음과 같다.

① 회사의 종업원과 간부가 소비한 몫

② 고객에게 무료로 제공한 몫(초대, 접대)

③ 직원들의 행사에 제공된 몫(직원들을 위한 자체행사)

④ 고객에게 제공된 과일 바구니(VIP room 등)

⑤ 직원에게 원가로 판 몫(팔리지 않은 음료의 경우)

⑥ 새로운 아이템의 개발, 또는 시도하기 위해서 시식 · 시음에 소비된 몫

⑦ 손실(저장창고에서 변질 또는 주방에서 조리 중 태우거나 버린 몫 : 호텔에 따라 비용으로 처리하기도 한다.)

⑧ 레스토랑에서 실수로 손실된 몫(보고서에 의해서 확인이 가능한 몫)

⑨ 엔터테이너가 소비한 몫 등

상기의 내용은 소비의 보기를 구체화한 것으로 사정에 따라 항목을 통폐합 할 수도 있다.

이러한 항목의 구분은 전체 소비된 식재료 중 고객이 소비하고 지불한 몫을 찾아내기 위한 것으로 전체 식재료의 소비 중에서 고객이 소비한 몫을 제외한 다른 항목을 빼주면 된다.

① 항의 종업원이 소비한 몫은 종업원을 위한 식당이 별도로 있으나 하나의 업장으로 간주할 경우이다.

또한 간부가 소비한 몫이란 일정수준 이상의 직위에 있는 직원에게 일정한 한도 내에서 손님을 접대할 경우에 사용하는 Officer' s Check에 의한 소비와 외국인 종업원들에게 회사가 정한 규칙에 따라 제공되는 식음료의 소비를 말한다.

크레디트의 가치는 원가로 계산되며 크레디트에 의해서 소비된 가치는 업장의 총원가에서 감하여 고객이 소비하고 지불한 몫을 찾아낸다.

STO
RCL
INPUT
DSP
PRT

Chapter 10.
인건비 관리

환대산업(Hospitality Industry)의 중요한 비용 중 하나인 인건비를 관리하고 조절하는 것은 중요하며, 이러한 주제는 직원의 사기를 진작시킴으로써 생산성을 증가시키는 것과 그러한 생산성을 분석하는 것, 사업을 예상하는 것, 인원계획과 인원계획기준을 만드는 것, 그리고 효율적인 근무 스케줄을 짜는 방법들을 포함하고 있다. 또한 관리 분석 기술은 정규직 vs 비정규직 근무시간 비교표와 변동인건비 그리고 고정 인건비들을 각각의 특징에 따라 구별 짓는 것을 포함한다.

|01| 직원관리

1) 인건비 계획

사업 성공 특히, 서비스 산업에서 성공하기 위해서는 현명한 인원계획과 직접 혹은 간접 인건비 관리를 필요로 한다. 이 때 인원 계획을 만들어가는 과정에서의 매니저의 역할은 매우 중요하다. 매니저는 반드시 정확하게 측정하고, 가치를 따지고, 조정하며 직원 활용관리를 위한 체제를 제공할 수 있어야 한다. 외식업에서의 인건비는 전체 운영비용 중 커다란 부분을 차지한다.

일반적으로 외식업에서는 종종 인건비와 식자재비를 함께 '주요비용(Prime Cost)' 이라고 부르는데, 그 이유는 인건비와 식자재비의 혼합이 대략적으로 매출의 60% 정도를 차지하고 있기 때문이다.

인건비를 조정한다는 것은 다음의 세 가지 경쟁적인 압력으로부터 반응하는 것을 의미한다.

- 인건비를 최소화하기 위한 상사로부터의 압력

- 시간과 임금 향상을 원하는 직원으로부터의 압력

- 향상된 서비스를 원하는 고객으로부터의 압력

직원 관리는 첫째, 앞서 제시된 세 가지 압력으로부터 균형을 유지하는 것 둘째, 비용 절감을 하기 위해 가장 효과적인 방법을 사용하는 것, 셋째, 직원의 욕구를 만족시키는 것 그리고 마지막으로 가능한 최고의 만족을 전달할 수 있는 고객 서비스를 제공하는 것이다.

근무 인원 초과로 인한 인건비 낭비, 그리고 질 낮은 고객 서비스를 발생하게 하는 직원 부족 상황들을 최대한 제거시키기 위한 다양한 방법이 있다. 대부분 산업에서 직원들은 지속적이고 일정한 방법으로 제품을 생산하고 있다.

그리고 이렇게 만들어진 생산품들은 일정 기간 즉, 고객이 미리 만들어진 생산품을 사기 위해 준비될 때까지 저장되어지고, 만일 고객이 이미 만들어진 것보다 더 많은 양의 생산품을 요구한다면 직원들은 요구량에 맞춰 생산품의 수를 증가시킬 수 있다. 이러한 일반적인 제조 산업에서와는 다르게 서비스산업에서는 직원들의 유용성이 제한되어진다. 다시 말해, 서비스 산업에 근무하는 직원들의 경우 고객의 존재 없이는 그들의 생산성이 발생되지 않으며, 그럼에도 불구하고 인건비용이 발생된다.

외식업의 특성상 고객의 수요는 계절별, 요일별, 심지어는 하루 중 시간대(아침, 점심, 혹은 저녁)에 의해서까지 변동되는 까닭에 최적의 직원 효율성을 유지하는 것은 매우 힘들다. 이러한 수요변동으로 인해 가장 효율적인 인건비를 예상하는 방법을 아는 것은 또 다른 경쟁력이 된다. 본질적으로 일하지 않는 무익한 시간 즉, 비생산적인 시간은 앞으로의 사업 가능성에 대한 매니저의 예견에 의해서 조정되어야 한다. 대부분의 외식업장의 경우 직원들의 비생산적인 시간에 대해 지급되는 인건비는 실제적으로 생산 활동에 참여함으로써 지급되어지는 비용보다 더 많이 지출되기도 한다.

2) 예산수립 과정에서의 인건비

직원관리계획시 주방 매니저와 음료 매니저에게 인력 효율성 조정과 평가를 위한 수단을 제공한다.

(1) 고정예산에서 인건비 처리 방법

고정예산수립은 주어진 운영수준에 맞추어 이에 상응하는 인건비를 책정한다는 것을 의미한다. 기대되는 인건비율을 찾기 위해서 목표 매출을 달성하기 위해 필요한 커버수와 커버당 인건비를 곱한다. 그러면 시간의 흐름에 따라 실제 인건비는 예측됐던 인건비와 비교된다. 예를 들면, 예측된 인건비용이 시간당 7,000원 그리고 예측된 인력 활용도가 1커버당 2시간이라면 1,000커버를 생산하기 위해 매니저는 14,000,000원의 총 인건비와 함께 2,000(2시간×1,000커버)의 노동 시간을 계획하게 된다. 여기서 1,000커버가 서비스되고, 실제노동 시간이 2,100, 그리고 실제 인건비가 15,000,000원이었다고 가정하자. 이때 총인건비를 전체 노동시간으로 나누면, 인건비율이 시간당 7,142원이 된다. 실제 비용이 목표를 초과하는 경우 인건비율이 계획했던 것보다 더 높은 경우이거나 혹은 예측했던 것보다 더 많은 노동 시간을 사용한 경우 중 한 가지에 의해 발생됐음을 알 수 있다. 목표와 실제비용의 차이는 다음과 같이 계산된다.

인건비율 차이는 다음과 같이 계산되어진다.

(실제 인건비율 - 예측된 인건비율) × 실제 시간 = 차이

(시간당 7,142원 - 시간당 7,000원) × 2,100 = 298,200원

노동효율성 차이는 다음과 같이 계산되어진다.

(실제 노동시간 - 예측된 노동시간) × 표준 비율 = 차이

(2,100시간 - 2,000시간) × (시간당 7,000원) = 700,000원

이렇게 차이가 발생하게 되면, 경영진은 이러한 실수를 반복하는 것을 피하기 위해 차이 발생의 책임을 책임부서에 할당하고 이를 해결하기 위해서 노력한다. 더욱이, 위의 예에서 보인 것과 같은 차이가 비효율성의 결과인지, 비정상적인 사건 때문인지 혹은 부적절한 예측에 의해서 나타난 결과인지를 결정하기 위해 분석해야 한다. 몇 가지 예를 보면, 실제 인건비용이 설정된 기준보다 더 낮을 수도 있다. 이러한 경우, 경영진은 우선 서비스 수준이 적당한가를 확인하는 것이 필수적이다. 이에 인력 표준은 재검토되어져야 하고 적당한 시기에 실제 효율성을 반영하여 변경해야 한다.

(2) 변동예산에서 인건비 처리 방법

변동예산수립이란 어떤 주어진 활동 수준을 위해 정해져 있는 비용예산과 예산을 정하기 위해 제시된 수준을 행하기 위해 지출되는 실제원가와 관련된다. 이러한 관련 시스템은 보조 활동 인력이 아닌 주방에서 생산을 위해 직접적으로 관련되는 인력에 보다 잘 적용된다. 다시 말해, 주방에서 청소를 도와주는 직원을 위한 비용을 어떻게 조정할 수 있겠는가? 직원들의 직무 수행과 그러한 서비스의 비용이 생산과 정비례할 것이라는 것은 생각할 수 없을 것이다.

하나의 간단한 접근은 생산의 목표를 정하고, 그리고 생산에 필요한 간접적인 인력의 양을 결정하는 것이다. 예산 기간이 지난 다음 실제 비용은 예산과 비교될 수 있다. 이러한 기술은 고정적 혹은 정적인 예산과 같다. 그러나 만약 목표에 도달하지 못했거나 혹은 초과했다고 가정하면, 이때 어떠한 한 수준의 생산에 사용된 비용이 이외의 다른 수준의 생산에 사용된 비용과 비교될 수 있겠는가? 표 10-1과 같은 상황을 상상해보라.

표 10-1. 실제비용과 예산의 비교

	실 제	예 산	차 이
생산된 커버	5,500	6,000	500
간접 인건 비용	$1,250	$1,300	$50
비용/커버의 %	22.7	21.7	

비록 생산 목표에 도달하지 못한다 할지언정 백분율 차이의 계산 없이는 긍정적인 간접 인건비 차이를 나타낸다. 그러나 백분율을 보면, 간접 인건비용이 적을수록 더 적은 수의 커버가 생산된다. 결과적으로 더 많은 간접 인건 비용이 들었다는 것을 알 수 있다.

융통성 있는 예산은 그 문제를 해결할 수 있는 해결책을 제공한다. 이러한 융통성 있는 예산에 의해, 주어진 범위의 생산목표에 필요한 간접 노동량이 정해진다. 예를 들면, 직접 노동의 각 1.5시간을 위한 간접인건비 $1.00가 목표가 된다.

융통성 있는 예산의 문제점은 간접인건비가 활동량에 따라 직접적으로 변화하지 않는다는 점이다. 예를 들면 커버수와 상관없이 일정하게 근무하게 되는 청소일과 같은 것이다. 특히 외식산업에서 흔히 볼 수 있는 현상으로 간접인건 비의 비례적인 증가가 이루어지지 않을 경우 직접인건비가 두 배로 증가될 수 있다. 하나의 대안은 활동수준에 따라 '변동하는 변동요인(variance factor)'을 개발하는 것이다.

이 기법은 예산이 목표 생산수준에 따라 수립되고, 다시 그 수준에 따라 간접비 예산을 책정하는 것이다. 그런 후에, 각기 다른 간접비가 직접인건비 변동에 따라 얼마나 유사하게 변화하는지를 측정해야 한다. 만일 간접비가 직접인건비와 유사하게 변한다면, '변동요인'은 도식화될 수 있다. 변화요인은 언제라도 원가에 적응될 수 있도록 백분율로 나타낸다. 만일 매출과 직접인건비가 변한다면, 얼마나 많은 추가적인 금액이 간접인건비로 사용되어야 하는가를 결정할 수 있다. 다음은 이러한 내용들이 어떻게 작용하는가를 보여주는 것이다.

① 목표화 된 사업 볼륨에 적정한 간접인건비용을 결정하라(예를 들면 $5,000의 직접인건비 중 $1,000가 간접인건비라고 가정하라).

② 다른 사업수준에 의한 차이를 규명하기 위해 직접인건비가 활동의 목표수준과 얼마나 다른지를 결정하라(직접인건비에 추가적인 $2,000이 사용된다고 가정하라).

③ 직접인건비에서 매 $1.00마다의 간접인건비의 변화의 기능으로써의 차이를 확인하라. 직접인건비 $100의 추가적인 소요에 간접비 $40이 필요하다면, 달러당 '변동요인'은 $0.40가 된다.

④ 다음의 식을 이용하여 간접인건비의 예산규모를 계산한다.

[(목표 간접인건비)÷(목표 직접인건비)]×(실제 직접인건비F 목표 직접인건비)×변동요인 또는 다음의 예를 사용하면,

(1,000÷5,000)×2,000×$0.40G $160

계산의 결과는 직접인건비가 증가함으로써 추가로 편성되어야 하는 간접인건비 예산분이 된다(직접인건비 예산이 $7,000일 때, 간접인건비 예산은 $160).

(3) 제로-베이스 예산(Zero-based Budgets)에서 인건비 처리 방법

제로-베이스 예산기법은 인건비 예산을 책정하는데 있어 재량권을 가질 수 있는 부분과 가질 수 없는 부분으로 나뉘게 된다. 일반적으로 직접인건비의 경우, 예산편성의 재량권을 행사할 수 없다. 그 이유는 그들이 POS(Point-of-Sale)시스템, 레스토랑에서 제공되는 서비스의 수준 그리고 메뉴의 종류에 의해 자동적으로 결정되어지기 때문이다. 따라서 경영진은 식재료, POS 시스템 혹은 요구 서비스의 수준의 변경 없이, 일정한 생산에 필요한 인건비를 변경시킬 수 없다. 제로-베이스 예산기법에서 재량권을 행사할 수 있는 인건비 부분은 간접인건비로써, 예를 들어 유지보수인력과 수퍼바이저의 급여가 이에 해당된다.

간접인건비를 위해, 경영자는 반드시 기능을 수행하기 위해 필요한 대안들을 정의하고, 그 가운데에서 가장 비용 효과적인 방법을 선택해야 한다. 다음 단계로 매니저는 직무 수행을 위한 활동의 다양한 수준과, 각각에 부가되는 비용을 정의할 수 있을 것이다. 비용들은 활동의 기본 혹은 최소한의 수준 즉, 레스토랑을 운영하기 위한 혹은 직무를 지속하기 위해 추천할 수 있을 정도의 수준과 예상을 초과하는 추가적인 부분으로 인해 상향된 수준을 고려하여 책정된다. 레스토랑 인원계획(staffing Guide)을 개발하기 위해 사용된 접근방법

은 이 러한 수준별 기법과 유사하며, 이를 의사결정패키지(decision package)라고 부르기도 한다. 의사결정패키지는 생산 목표를 만족시키기 위해 필요한 노력의 수준을 기술한 문서이다.

일괄 결정 패키지를 준비하기 위해 우선순위에 의해 다양한 활동을 배열해야 한다. 그런 다음에 이 리스트에서 장단점을 정의한다. 이때, 중요하게 생각된 모든 활동에 예산이 할당된다. 아마도 질 낮은 서비스를 방지하기 위해 혹은 직원들이 더 높은 생산수준을 다를 수 있도록 하기 위해 추가인력이 필요하다는 것을 알 수 있을 것이다. 이 기법은 재량적 비용(예를 들면 간접인건비)을 금전적인 가치 할당 대신에 활동수준으로 평가할 수 있게 해준다.

(4) 비용실적과 예산 사이의 차이점

어떠한 인건비 예산책정방법이 사용되었는지와는 관계없이 예산과 실적과의 차이는 반드시 계산되고 분석되어야 한다. 또한 직접 인건비의 경우 임금률과 효율성 차이(efficiency variances)가 모두 계산되어야 한다. 임금률 차이를 발생시키는 일반적인 요인들은 다음과 같다.

- 부정확하고 비현실적인 임금률
- 예상치 못한 연장 근무 시간이 발생한 경우
- 임금률이 높은 숙련직원이 예상보다 많이 투입된 경우
- 최저 임금 혹은 협회 급여기준이 상승한 경우

효율성 차이는 일반적으로 임금률의 차이보다 자주 발생한다. 다음의 내용은 노동효율성을 변화시키는 일반적인 요인들이다.

- 커버당 노동 시간량이 작게 혹은 높게 정해질 수 있다.
- 인력운영 계획수립이 잘못되거나 재료의 부족 등은 연장 근무나 쓸데 없는 시간 낭비를 발생시킨다.
- 기물의 고장으로 인한 미작동은 시간의 낭비를 발생시킨다.
- 무경험자나 실습생 인력은 추가적인 교육훈련 시간이 필요하다.

- 잘못된 주문을 정정하는데 따른 시간상의 손실
- 예산이나 표준타임 스케줄에 의한 예상보다 더 많은 직원이 필요한 경우
- 일에 대한 의욕저하 혹은 동기부족은 100% 미만의 효율성을 초래한다. 적절한 시간간격을 두고 차이의 원인이 계산되고 규명되어야 한다.

02 생산성 관리

생산성(Productivity)은 직원운영 수준 혹은 생산 결과에 의해 측정된다. 생산성은 일반적으로 산출과 투입사이의 관계로서 정의된다. 그리고 이것은 커버당 낭비를 최소화하고 원가를 줄이는 것과 관련된다.

다음의 4가지 요인들은 성공적인 레스토랑의 운영에 영향을 끼친다.

- 생산적이고 효율적인 표준 운영 절차
- 인적자원, 물적자원, 행정기획 그리고 정보기술의 유연하고 균형있는 운영
- 간결한 운영체제
- 직원 동기부여

다음의 요인들은 분리되거나 다르게 측정된다. 첫째, 생산성 성과는 시간과 활동연구와 작업 샘플링에 의해 측정되고 관리된다. 둘째, 인적자원, 물적자원 그리고 기획 · 행정 · 정보기술의 조화로운 순환, 셋째 요인은 각 작업을 수행하기 위한 가장 쉬운 방법을 찾는 것으로 방법분석(method analysis)에 의해 더 간단하게 만들 수 있다. 마지막 요인은 직원 동기부여로서, 이는 직원 평가(인사고과), 직무 분석 그리고 행동을 활동하여 측정될 수 있다.

1) 생산 작업시간 연구

작업수행에 필요한 시간을 파악하는 일은 까다로운 작업을 요구한다. 그러나, 이것은 반복되는 활동에 대한 정확한 시간 기준을 개발하는 것이기에 매우 유용하다. 시간연구(time study)의 목적은 얼마나 많은 시간이 일을 하는데 소요되는가가 아닌 얼마만큼의 시간이 소요되는 것이 바람직한가를 찾아내는데 있다. 일을 하는데 얼마나 많은 시간이 걸리는가 하는 것은 서비스된 커버량을 작업을 위해 진행된 시간의 양으로 나누면 된다. 그러나 적정시간을 찾아내는 것은 논리적으로 연속해서 일어나는 단계에 대한 신중하고 정확한 관찰이 요구되며, 직원의 피로도와 개별적인 요구에 대한 사항들이 고려되어 만들어져야 한다. 이때 연구에 의해 정해진 작업시간은 서비스품질에 영향을 미치지 않는 다는 전제하에서만 유효하다. 왜냐하면, 빠른 작업시간은 오직 생산결과와 품질기준이 서로 조화를 이룰 경우에 그 효과가 긍정적인 의미를 가지기 때문이다. 또한 적당한 교육과 작업 도구들은 작업결과에 상당한 영향을 미칠 것이다.

2) 생산성 측정

생산성을 측정하는 방법에는 작업 샘플링, 시스템 평가, 지연비율 연구 그리고 시간과 활동 연구 등이 있다.

(1) 작업 샘플링 연구(Work Sampling Studies)

이 방법은 일반적으로 프런트 데스크 혹은 행정 업무 담당의 직원을 평가하는데 사용한다. 이것은 생산의 질과 양적인 면의 연구를 통해서 개별적인 활동을 파악하고 직접적인 관찰함으로써 의미 있는 정보를 얻을 수 있는 편리한 방법이다. 부서 내 혹은 경영진의 목표를 위해 작업 샘플링 연구의 통계적인 결

과를 비교함으로써 어느 부분의 생산성이 더욱 향상되어져야 하는지 그리고 개인 생산수준을 증가시키기 위한 방법을 파악할 수 있다.

(2) "온 혹은 오프(On or Off)" 또는 시스템 평가 과정

고객 서비스 운영을 원활하게 하는 것을 돕고, 인건비를 줄이기 위한 목적으로 새로운 POS 시스템과 같은 기물자산이 필요한지를 정확히 평가하기 위한 절차이다. 매니저가 이와 같은 요구조건 즉, 시스템의 추가 설치의 필요성 여부를 고려할 때 설치될 시스템으로 인해 발생될 비용의 효율성 여부를 확인하기 위해 다음의 과정을 실행하게 될 것이다. 우선, 현재 사용 중인 기계에 대해 작업 중일 때와 작업이 중지되어 있는 모든 시간들에 걸쳐 자세한 관찰이 되어야 한다. 이렇게 관찰된 결과는 새 시스템의 비용, 특색과 비교된다. 그런 다음, 매니저는 새 시스템을 구매할 것인지 보류할 것인지에 대해 최종적인 결정을 할 수 있다.

(3) 지연비율연구(Ratio of Delay Study)

동시에 많은 부분들을 관찰할 수 있기 때문에 이러한 유형의 작업 샘플링은 보다 포괄적이다. 이 기술은 많은 활동의 어느 한 시점을 무작위로 확인하고 관찰된 순간의 활동에 대해 기록한다. 구해진 작업 샘플링으로부터, 전체 가능 한 시간과 관련하여 각 작업별로 필요 기준 시간을 결정할 수 있다.

(4) 시간과 활동 연구(Time and Motion Studies)

작업 측정 방법의 하나인 시간과 활동 연구는 지속적으로 운영되고 있는 상황을 기록하기 위해 사진 찍는(영화 촬영하는) 것과 같은 방법을 사용한다. 활동 학습의 장점은 정확하게 만들어진 활동을 토대로 세밀히 분석함으로써 매우빠르고 반복적인 활동 비용을 최대한 줄일 수 있다. 다시 말하자면, 마이크로 활동 학습은 활동을 녹화하기 위해 타임 딜레이드 카메라(time-delayed camera)를 사용함으로써 비운영시간에 대한 비용을 줄일 수 있도록 도와주며, 이러한자료는 일상 작업에서 더 큰 효율성을 촉진시키기 위해 사용된다.

|03| Full Time Equivalent Reporting

Full Time Equivalent Reporting(FTE) 기술은 주로 유사한 규모의 부서간 성과 비율을 측정하고 비교하기 위해 사용하는 기법이다. 대부분의 회사들은 비핵심 부서 기능에 대한 아웃소싱 의사결정을 위해 이 기법을 활용한다. FTE는 정규 근무, 연장근무 그리고 더블타임(double time) 등의 모든 근무시간을 혼합하는 공식을 활용하여 동일한 결과 수준을 달성할 수 있는 정규근무시간과 비교하는 것이다. FTE 분석의 목적은 연장 시간에 대한 비용을 인식하는데 있다. 연장 시간을 제한하기 위해서는 정확한 생산량과 근무 직원 수에 대한 정확한 예측을 필요로 한다.

만일 FTE 결과들이 경쟁업체 혹은 비슷한 산업 수준에 있는 회사들과의 사이에서 비교되기 위해 사용된다면, 두 비교 대상간의 관련성을 보증하기 위해 반드시 동일한 기준에 의해서 측정되어져야 한다. FTE 리포트의 생산성을 위해 생산단위와 작업시간 정보가 수집되어야 한다. 리포트를 준비하기 위해 필요한 모든 생산단위 정보는 일반적인 사업 볼륨을 결정짓는 요소들 예를 들면 레스토랑 커버, 음료 단위 또는 단위 평균판매 가격 등이다. 이와 같은 형태의 수치는 반복적이며 그리고 양적으로 측정이 가능한 표준이 되며, 이 표준에 의해 직원 생산성을 결정지을 수 있게 한다.

FTE를 계산하기 위해 먼저 급여 시스템으로부터 작업 시간을 구하자. 예를 들어, 4시간의 연장시간 근무는 동시에 정규비율의 1.5배로 보상된다고 가정하면, 결과적으로 6시간의 근무로 계산한다. 이것은 시간당 $8.00을 받는 직원이 4시간의 연장 근무를 하는 경우, 이 직원은 $48을 지급받게 된다는 것을 의미한다. 휴일 급여와 관련된 근무시간은 시간외 수당을 포함하지 않는 기본급으로써 반영된다. 그런 의미에서, 지급률이 두 배가 되는 휴일에 8시간을 일한 것은 16시간이 아닌 8시간으로써 계산되어진다. 이때, 휴가시간은 근무시간에 반영되지 않는 것이 좋다. 때로는 교차활용 방법을 사용하는 회사에서는 어떤 직원들을 한 부서 이상에서 근무시킬 수도 있다. 이러한 경우, 회사는 반드시 직원의 정확한 근무시간을 각 근무 부서들 사이에서 정확하게 이동시킨 후 급여 시스템을 작동할 수 있도록 확인하는 것이 중요하다.

월 근무 일수 혹은 실제 근무한 시간에 상관없이 전체 한달 동안 고용된 정규직 직원을 위해 보고된 근무시간은 매달 173.33시간이다. 어떤 회사들은 FTEs를 계산하기 위해 휴가, 병가 그리고 휴일을 포함하기도 하는데, 이런 상황은 이로 인해 비어있는 직원들의 자리를 보충하지 않았을 경우일 때만 성립된다. 부상급여와 관련되어 보고된 근무시간 또한 포함하지 않는 것이 낫다.

FTE의 계산은 정규직과 비정규직 모두의 근무시간의 총 합계를 관련된 주기안에서 풀타임 근무의 등차수로 전환한다. 비정규직을 위한 FTE 근무 할당은 월 근무가능일수에 8시간 즉, 일 근무가능시간을 곱한 후에 이 결과에 다시 5/7을 곱한다. 이 공식의 마지막 부분의 분수는 FTE week 안에서 일주일 즉, 7일 중 5일을 계산한 것이다. 이것은 다음과 같이 계산된다.

주어진 기간 동안의 가능한 근무시간

한달 31일 = $31 \times 8 \times (5/7) = 177.14$

한달 30일 = $30 \times 8 \times (5/7) = 171.43$

한달 29일 = $29 \times 8 \times (5/7) = 165.72$

한달 28일 = $28 \times 8 \times (5/7) = 160.00$

월급 직원을 위한 FTEs 계산의 경우, 월 근무일수에 상관없이 총 근무시간을 173.33으로 나눈다. 시급제 직원의 경우는 표 10-2를 참조하라. 이는 한달이 30일인 경우의 계산을 보여준다.

표 10-2. Full-Time Equivalent

	정규직	비정규직
1. 정기적인 시간	450.1 시간	1.750 시간
2. 연장시간 @15	해당사항 없음	36(실제 일한 시간=24 ; 그러나 FTE 목적에 의해서 이것은 비율에 1.5배로 표현되거나 혹은 36)
3. 휴가	40	N/A
4. 전체 시간	490.1	1.786
5. FTE	490.1÷173.33=2.8	1.786÷171.43=10.42
6. 전체 FTE	2.8+10.42=13.22	

그래서 이것은 연장근무시간이 없는 13.2 풀타임 직원과 같다. 이러한 결과들은 실제 지출규모를 비교하기 위해 사용되며, 그 차이가 인건비 예산에 어떻게 영향을 미치는지를 파악할 수 있도록 한다. 많은 식음료 관리자들은 이러한 계산의 결과를 커버, 총 매출 그리고 FTE당 급여액 등을 보고하기 위해 사용한다.

STO
RCL
INPUT
DSP
%
+/-
7
8
9
4
5
6
1
2
3

Chapter 11.
원가-조업도-이익(CVP) 분석

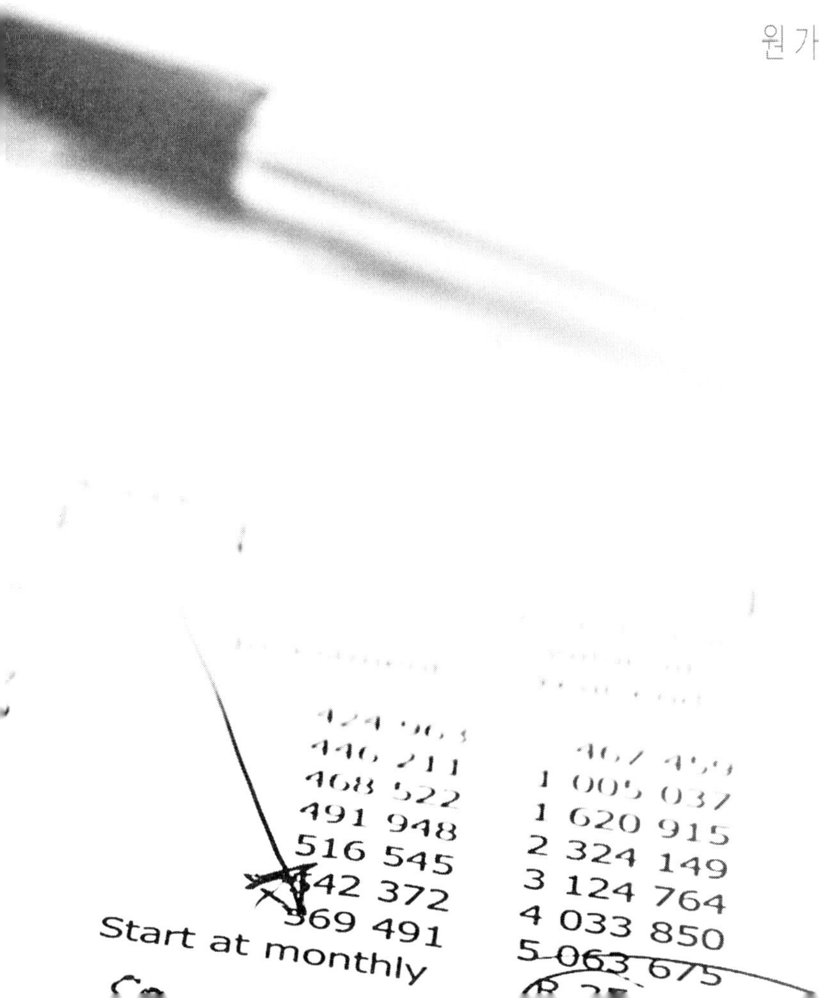

기업운영의 궁극적인 목표는 이익추구를 통하여 기업을 유지 발전시키는 것이다. 따라서 기업활동은 한마디로 이익관리활동이라 할 수 있다.

이익관리는 이익계획과 이익통제의 두 과정을 포함한다. 이러한 이익관리의 대표적인 기법인 원가-조업도-이익(CVP : Cost-Volume-Profit)분석은 매출액 또는 매출량의 증가에 따른 원가와 이익의 변화를 분석하는 기법이다. 즉, CVP분석은 손익분기점 산출을 통해 손실을 피하기 위한 매출액의 규모 및 판매량을 분석하는 기법이다.

그러므로 기업의 단기적 의사결정에 광범위하게 사용된다. 단기적 의사결정이란 이익계획에서부터 특별주문의 수락여부와 같은 단기적 특별의사결정을 말하는데 제품의 가격, 조업도, 단위당변동원가, 총고정원가, 매출배합과 관련된 문제들을 분석한다.

|01| CVP분석의 의의

1) CVP분석의 의의

원가(비용), 조업도(수익이나 판매액), 이익(순이익)의 상호관련성에 대한 조사를 하는 것으로 경영의 계획을 수립하거나 경영의사결정을 하는데 있어서 분석수단이 된다. 즉 이익구조의 구성요소인 조업도, 가격, 원가 등과 이익의 상호관계를 밝혀내고, 이익관리활동

특히 이익계획에 활용하는 것이 CVP분석이다. 이익계획이란 목표이익을 설정하고 그 목표이익을 실현하기 위한 목표매출액과 허용비용을 구체화 시키는 과정이다. CVP분석은 제품라인의 선택, 제품의 가격정책, 마케팅 전략 그리고 생산시설의 효과적인 이용들을 포함하는 여러의사결정에 매우 유용하다. 그러므로 CVP분석은 모든 경제 부문에 적용할 수 있으며 경영자들이 좀 더 효과적으로 계획하고 통제하는 데 사용한다. 그 이유는 이 분석이 수익, 원가, 조업도 변동, 세금, 이익간의 관계에 대해 초점을 맞추도록 하기 때문이다.

2) CVP분석을 통해서 회계 정보이용자들이 얻을 수 있는 정보

① 어떤 조업도에서 수익과 비용이 일치하는 손익분기점인가

② 일정한 조업도에서 실현될 이익

③ 일정한 목표이익을 위한 조업도를 계산

④ 고정원가 또는 변동원가의 변화가 손익분기점과 기업이익에 미치는 영향을 계산

⑤ 판매가격의 변동이 손익분기점과 이익에 미치는 영향을 계산

⑥ 조업도의 변화에 따른 이익변화 등의 정보

3) CVP분석의 목적

① 경영계획(특히 이익계획의 설정 및 예산편성)에 기여하는 자료를 얻기 위하여

② 개별계획설정에 유용한 도구가 되기 위하여

③ 기업전체 또는 일부의 업적을 평가하고 의사 결정하는데 유용한 도구로활용하기 위하여

4) CVP분석기법의 한계

CVP분석은 고정원가와 변동원가라는 두 개의 원가개념을 가지고 실시하는 단순한 분석기법이다. 이렇게 단순하게 분석을 하다보니, 실제 현장에서 발생 하는 많은 경우의 수를 다 고려하지 못하는 한계를 갖게 된다. CVP분석에서 가정하고 있는 대표적인 것을 살펴보면 다음과 같다.

첫째, 모든 원가는 고정원가와 변동원가로 구분가능하다는 가정이다. 그러나 실제로 모든 원가들이 '칼로 무 베듯이' 고정원가와 변동원가로 구분되지 않는다.

둘째, 고정원가는 관련 범위 내에서 일정하다는 가정이다. 그러나 고정원가적 성격을 갖는 원가들도 일정한 조업도내에서 증가함으로써 준고정적 성격을 갖는 경우가 실제로 많이 발생한다.

셋째, 변동원가는 조업도 증가에 따라 비례적으로 증가한다는 가정이다. 정의에 의하면 변동원가는 조업도 증가에 따라, 즉 한 단위 생산할 때 마다 동일한 비율로 증가하는 원가를 말한다. 그러나 실제에서는 학습과 경험 곡선, 그리고 누적 생산량 및 구매량의 증가에 따라 가격할인 등의 영향이 겹치면서 변동원가가 비례적으로 증가하기보다는 생산량의 증가에 따라 단위당 변동원가가 감소하는 경향을 띠게 된다.

넷째, 제품의 단위당 판매가격이 일정하다는 가정이다. 단위당 판매가격의 경우도 마찬가지로 일정한 경우는 현실적으로 찾아보기 어렵다. 제품의 수량 및 가격 할인 등의 이유로 인해 제품 가격은 상당한 차이를 보이게 되는 것이 오히려 일반적이다.

다섯째, 기업이 단일 품목만 생산 판매한다는 가정이다. 그러나 현실적으로는 단일 품목을 생산하는 기업보다는 다수의 품목을 생산하는 기업이 일반적이다. 이 경우 제품별 손익분기점을 계산하기가 힘들다는 단점이 있다.

이외에도, 연초 및 연말 재고자산 수준이 일정하다는 가정, 그리고 조업도만이 원가에 영향을 미치는 유일한 요인으로 상정한다는 것과 같은 기본 가정들이 CVP분석에 포함되어 있다. 분석을 단순화하기 위한 위와 같은 여러 가지 가정들로 인해 CVP분석 결과가 정확하다고 믿기에는 많은 한계가 있다고 할 수 있다.

CVP분석의 기본내용 |02|

1) 변동원가

변동원가(variable cost)는 조업도에 비례하여 총액이 변동하는 원가이다. 단위당 원가는 불변이다. 대부분의 직접원가(비)는 변동원가이다. 변동원가도 엄밀하게 분류하면 다시 공학적 변동원가와 재량변동원가(임의적 변동원가)로 구분된다. 그 밖에 학습에 따라 체감하는 학습곡선(learning curve)에 체감비도 있고 준변동비도 있다. 공학적 변동원가(engineered variable cost)는 투입 · 산출 관계가 공학적으로 발생하는 변동원가이며, 재량변동원가(discretionary variable cost)는 경영자의 재량에 따라 증감이 가능한 원가이다.

준변동원가(semi-variable cost)는 조업도가 영(0)일 때도 원가가 발생하며 조업도가 변동하면 원가도 따라서 변동하는 원가이다. 따라서 고정원가와 변동원가가 혼합된 형태인 혼합원가(mixed cost)이다.

2) 고정원가

고정원가(fixed cost)는 조업도가 증감하여도 총액이 변동하지 않는 원가이다. 단, 일정조업도 범위에서 변동하지 않는 원가이다. 이 일정조업도 범위를 적합범위 또는 관련범위(relevant range)라고 한다. 예를 들면 공장설비의 감가상각비, 재산세, 보험료 등이 있다.

고정원가도 엄밀하게 분류하면 다시 시설기초원가와 재량고정원가(임의적고정원가)로 구분된다. 시설기초원가(committed fixed cost)는 공장, 설비 및 기업의 기본적 조직구조와 관련된 고정원가이며, 재량고정원가(discretionary fixed cost)는 경영자의 재량에 따라 증감이 가능한 원가(ex : 연구개발비, 교육훈련비 등)이다. 이러한 구분은 최고경영자의 경영철학에 영향을 받는다.

준고정원가(semi-fixed cost)는 관련범위를 벗어나면 원가가 비약적으로 증감하여 계단형식을 띄는 원가로 단계원가(step cost)라고 한다. 장기적으로 관찰하면 변동비의 형태를 띠게 된다.

3) 공헌이익(CM : contribution margin)

공헌이익의 개념은 호스피탈리티 산업의 자원을 어떻게 효과적으로 이용할 수 있는가에 대한 의사결정에 도움을 준다. 판매가격에서 변동원가를 차감한 금액으로 고정원가를 회수하고 이익을 창출하는데 공헌하는 금액이다.

공헌이익(한계이익) = 매출액 - 변동원가

또한 기업의 이익은 총수익에서 총원가를 차감하여 계산한다. 이때 총원가는 수익에 대응되는 총비용을 의미한다.

총수익은 단위당 판매가격(P)에 판매량(Q)을 곱하여 계산한다.

총원가는 변동원가(VC : variable cost)와 고정원가(FC : fixed cost)를 합한 것이다.

또한 변동원가는 단위당 변동원가(V)에 판매량(Q)을 곱한 것이다. 이는 전통적 CVP분석에서는 비례적 변동원가로 가정하기 때문이다.

이익 = 매출액 - 총비용(변동원가 + 고정원가)

공헌이익 = 매출액 - 변동원가 = $P \cdot Q - V \cdot Q$

= 단위당 공헌이익 × 판매량 = $(P - V) \cdot Q$

=고정원가 + 이익 = $FC + \pi$

P : 단위당 판매가격　　Q : 판매량　　π : 이익

V : 단위당 변동원가　　FC : 고정원가

공헌이익은 매출액에서 변동원가를 차감한 것이므로 고정원가를 보상하고 이익을 가져올 수 있는 금액이다. 즉, 공헌이익이 고정원가보다 크면 이익이 발생하고, 고정원가보다 작으면 손실이 발생한다. 고정원가가 큰 기업은 공헌 이익이 상대적으로 크므로 고정원가가 작은 기업에 비해 호황기일 때에는 기업 이익이 크게 증가하고 불황기일 때에는 큰 손실을 입게 된다.

일반적으로 공헌이익의 증가는 손익분기점의 감소로 나타나고, 공헌이익의 감소는 손익분기점의 증가로 나타난다. 판매단가의 인상, 단위당 변동원가의 감소는 공헌이익의 증가가 되고 반대의 경우는 감소가 된다.

객실판매수량의 감소와 고정원가의 감소가 동시에 일어난 경우에는 서비스를 줄임으로써 고정원가가 감소하고 그에 따라 판매수량도 감소하게 되는 경우가 있을 수 있다.

4) 공헌이익률

공헌이익을 매출액으로 나눈 값이며, 한계이익률이라고도 한다. 공헌이익률을 알고 있으면 매출액의 변화가 이익에 미치는 영향을 알 수 있다.

공헌이익률 = 공헌이익 / 매출액 = P · Q F V · Q / P · Q

= G 단위당 공헌이익 / 단위당 판매가격 = P − V / P

P : 단위당 판매가격　　V : 단위당 변동원가　　Q : 판매량

한편 매출액에 대한 변동원가의 비율을 변동비율 또는 변동원가율이라고 한다.

따라서 변동비율은 100%에서 공헌이익률을 차감한 값이며, 공헌이익률은 100%에서 변동비율을 차감한 것이다. 즉 공헌이익률이 30%라면 변동비율은 70%이다.

표 11-1. 공헌이익과 공헌이익률

공헌이익	매출액 – 변동원가
	고정원가 + 이익
단위공헌이익	총공헌이익 / 판매수량
	판매가격 – 단위변동원가
	판매가격 × 공헌이익률
공헌이익률	공헌이익 / 매출액
	단위공헌이익 / 판매가격

5) 손익분기점(BEP : break-even point)

총매출 수익이 총비용과 일치하여 이익이 0(zero)이 되는 판매량(매출액) 또는 총공헌이익이 총고정원가와 같아지는 매출액이 바로 손익분기점이다.

|03| 목표이익계획

목표이익(target income)계획은 손익분기점을 이용하여 고정원가와 변동원가로 비용을 분해하여 손익분기표를 작성하고, 매출액 · 원가 및 이익의 관계를 살펴 목표이익의 달성에 필요한 판매계획을 수립하며, 또한 가격 결정이나 설비투자가 이익에 끼치게 될 영향 등을 예상하여 이익계획 수립에 반영시키는 방법이다.

손익계산서 등식을 바탕으로 매출액, 목표매출수량, 목표매출액을 구하는 방식은 다음과 같다.

$$\text{매출액} = \text{변동원가} + \text{고정원가} + \text{이익}$$

$$\text{목표매출수량} = \frac{\text{고정원가} + \text{목표이익}}{\text{단위당 판매가격} - \text{단위당 변동원가}}$$

$$= \frac{\text{고정원가} + \text{목표이익}}{\text{단위공헌이익}}$$

$$\text{목표매출액} = \frac{\text{고정원가} + \text{목표이익}}{1-\frac{\text{단위당 변동원가}}{\text{단위당 판매가격}}} = \frac{\text{고정원가} + \text{목표이익}}{\text{공헌이익률}}$$

1) 손익분기점

(1) 등식법

공헌접근법에 의한 손익계산서 등식을 바탕으로 총수익 즉 매출액과 총비용이 일치한다는 관계식에서 손익분기점을 도출하는 방법이다. 손익분기점의 정의에 따라 위의 손익계산서 등식에서 이익을 0으로 놓고 총수익이 총변동원가와 총고정원가를 합한 총비용이 일치하는 점의 매출액을 구하면 그 매출액이 손익분기점 매출액이다. 또한 손익분기점 매출액의 산출 후, 이를 다시 제품의 단위당 판매가격으로 나누면 손익분기점의 판매수량을 구할 수 있다.

(2) 도해법

CVP 분석의 이용에 대한 방법 중의 하나는 판매량(조업도)의 변동에 따른 매출액, 원가, 이익항목의 변동을 그래프로 나타내는 것이다.

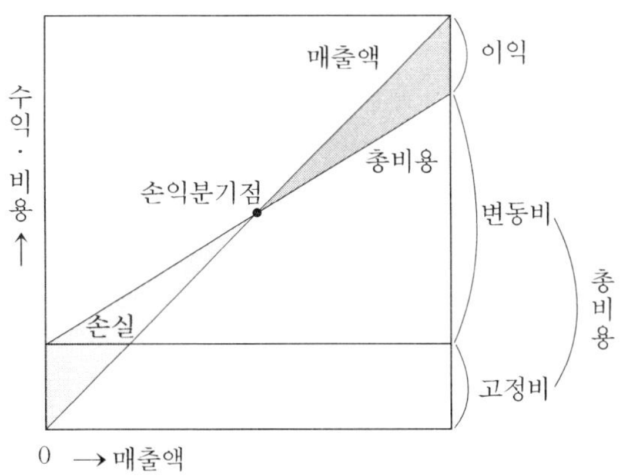

그림 11-1. 손익분기점 그래프

2) 목표이익

기업이 당기에 달성하고자 하는 목표이익은 다음과 같이 계산된다.

목표이익 = (단위당 판매가격 × 판매량) − (단위당 변동원가 × 판매량) − 고정원가

= (단위당 판매가격 − 단위당 변동원가) × 판매량 − 고정원가목표이익 + 고정원가

= (단위당 판매가격 − 단위당 변동원가) × 판매량

$$\text{목표이익달성 판매량} = \frac{\text{목표이익} + \text{고정원가}}{\text{단위당 판매가격} - \text{단위당 변동원가(단위공헌이익)}}$$

$$\text{목표이익달성 판매액} = \frac{\text{고정원가} + \text{목표이익}}{1 - \frac{\text{단위당 변동원가}}{\text{단위당 판매가격}}} \text{ (공헌이익률)}$$

---

3) 목표원가

대체적으로 원가는 사후적 관점에서 계산되고 활용된다. 원가는 기업의 성과를 측정보고하는 수단(재무회계적 관점)으로써의 의의도 있으나 적절한 원가정보를 경영의사결정에 활용함과 더불어 이를 경쟁력의 수단(관리회계적 관점)으로 활용하는 의의도 크다.

신제품 개발 여부, 그리고 적정 가격 설정을 통한 이익목표 달성 등의 목적에 적절히 활용하기 위해서는 사후에 계산된 원가보다는 사전에 목표원가(Target Costing)를 설정해 이를 관리하는 방법이 훨씬 더 유용하다.

(1) 목표원가의 개념

① 목표원가의 특징

목표원가(Target Cost)는 제품에 대해 기업이 최대로 허용할 수 있는 원가이면서 동시에 기업이 필요로 하는 필수수익을 얻게 해주는 원가를 말한다.

목표원가를 구체적으로 설명하면, 원가에 기초하여 판매가격을 매기는 것이 아니라 고객의 니즈(needs)와 경쟁상품들의 장점 등 시장 상황을 두루 분석한 후 목표원가를 산출하고, 목표원가를 달성할 수 있게 제품 및 공정에 대한 사전 설계를 함은 물론, 제품 생산단계에서도 모든 아이디어를 짜내서 목표로 설정된 원가를 달성해 가는 기법을 말한다.

② 전통 원가기법과의 차이점

전통적 원가관리 기법이 외부 환경은 무시하고 기업내부의 효율성 측정치에만 초점을 맞춰 원가관리를 수행하는 반면, 목표원가 기법은 고객의 니즈 및 경쟁위협에 대처하기 위하여 외부환경과의 상호작용을 중시한다.

전통적 원가관리 기법에서는 조직 외부 및 조직 내 다른 부문이 원가에 영향을 줄 수 있다는 사실을 고려하지 않는대 반해, 목표원가에서는 각 부서간 및 외부협력업체를 포함한 가치사슬 구성원들 간의 많은 복합적인 관계를 고려하고 원가관리를 위해 이들을 적극적으로 참여시킨다. 목표원가를 위해서는 단일 기능 팀이 아니라 범능적 팀(Cross-Functional Team)을 주로 활용한다.

또한 전통적 원가관리에서는 사후적으로, 이미 발생한 원가에 기초하여, 그리고 원가 차이 정보를 이용하여 수정조치를 취하는데 비해, 목표원가에서는 사전적으로 실제 생산 이전부터, 미래 발생할 원가에 기초하여 그리고 적절한 설계변경을 통해 원가절감을 도모하는 차이가 있다.

규제나 통제 차원에서 살펴볼 때, 전통원가는 표준이나 예산범위 이내로 원가가 발생하도록 관리하는데 주안점을 두는 반면, 목표원가는 제품의 전체 수명기간 동안, 고객과 생산기업 둘 다를 위한 지속적 원가 개선(제품 수명주기 전체에 걸친 총원가 절감)을 도모한다는 차이가 있다.

(2) 목표원가 과정

목표원가는 크게 두 가지 국면(Phase)으로 구분된다. 하나는 시장과 경쟁자분석을 통해 목표로 하는 원가를 설정하는 단계이고, 두 번째는 이렇게 설정된 목표원가와 추정원가의 갭을 줄여나가는 목표원가 달성단계이다. 이를 간단히 살펴보면 다음과 같다.

① 목표원가 설정 국면

목표원가 설정을 위해서 우선 생산하고자 하는 제품의 시장을 조사함과 동시에 동일/유사 제품을 생산하고 있는 경쟁자의 제품가격 및 향후 원가 대응력을 조사하고, 이와 더불어 고객의 니즈와 제품의 가격 탄력성을 조사하여 시장에서 통할 수 있는 예상 판매가격을 설정해야 한다.

아울러 회사에서 목표로 하는 내부수익률과 시장점유율 목표 등을 감안하여 제품별 목표이익을 설정하여, 이를 판매가격에서 차감함으로써 목표원가를 설정한다.

② 목표원가 달성 국면

목표원가를 달성하기 위해서는 제품의 원가를 구성하는 재료비, 인건비, 고정자산 투자비, 연구비 등의 추정원가와 목표로 하는 원가와의 갭을 우선적으로 파악해야 한다. 목표원가와 현행(가능)원가와의 총 갭은 제품의 수명주기별로, 또한 가치사슬 단계별로 정밀하게 다시 분해하여야 한다.

그 다음에는 파악된 원가 갭을 줄여나가기 위한 원가절감방안을 구체적으로 수립해야 한다. 즉 제품과 공정의 설계와 가치공학기법을 이용하여 원가분석을 실시함으로써 달성가능원가를 추출해내고 목표원가 달성에 필요하다고 판단되면 제품 설계 및 공정의 변경과 설비투자의 변경도 적절히 고려하여야 한다.

그리고 실제 생산을 해 나가는 과정에서 지속적인 개선을 통해 목표로 하는 원가를 달성하는 것이 목표원가의 마지막 단계이다.

(3) 목표원가의 시사점

① 전략적 관리회계 모델

경쟁은 나날이 치열해져서 이제는 단순히 품질만 가지고는 승부할 수 없는 시대가 되고 있다. 품질, 원가, 그리고 타이밍 3박자가 맞아야만 경쟁에서 승리할 수 있는 시대가 되었다. 경쟁전략의 대가 마이클 포터는 3가지 본원적 전략

중 하나로 저원가 전략을 들고 있다. 저원가 전략을 제대로 수행하기 위해서는 목표원가는 필수적이다.

목표원가는 이와 같이 경쟁전략과 긴밀한 관련을 갖고 있으며, 고객만족, 시장점유율 확보, 이익창출, 원가기획과 관리 등 기업의 절체절명의 목표를 달성하게 해준다.

② 신제품 개발시 유리

기존 제품에 목표원가 전략을 도입해 원가를 절감할 수 있으나, 목표원가 전략은 특히 신제품 개발시에 적용하는 것이 효과적이다. 일반적으로 총원가의 70~90%가 제품 개발단계에서 이미 확정되기 때문이다.

STO
RCL
DSP
PRT
INPUT

Chapter 12.
투지 경재성 분석기법

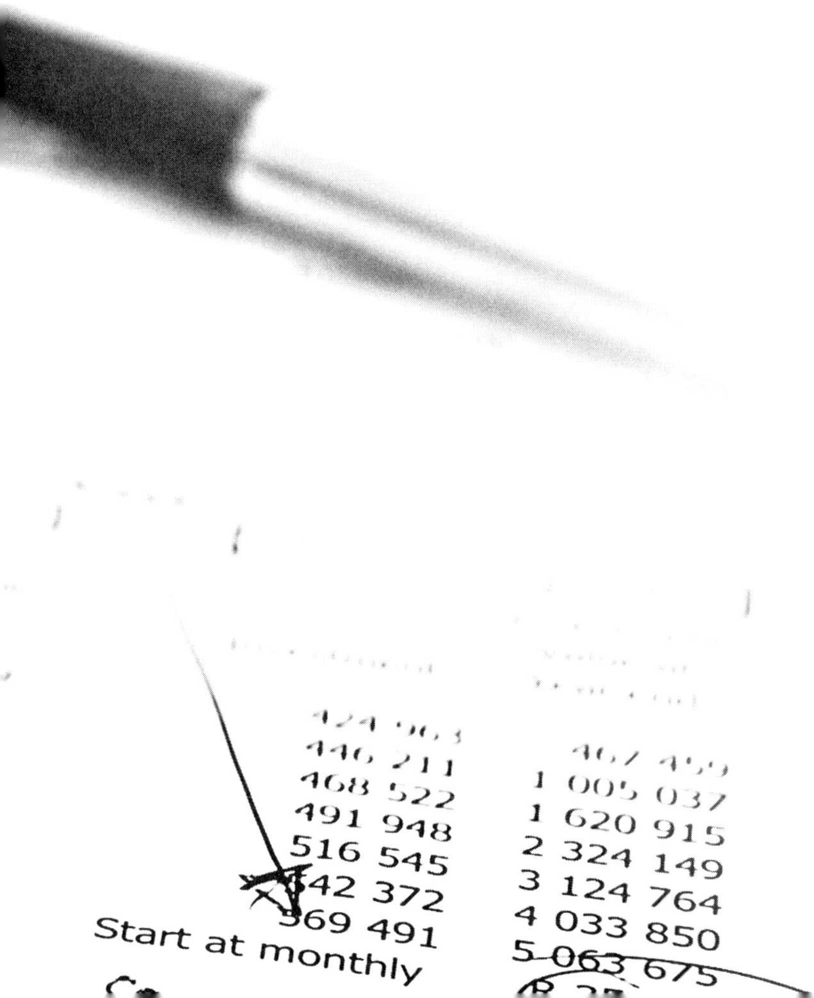

투자의 경제성 분석기법은 설비투자와 같이 장기에 걸쳐 큰 금액이 소요되는 프로젝트에 투자할 때 기업에게 최대의 이익을 가져오는 대안을 심사하여 선택하는 자본예산(capital budgeting)과정이다.

투자결정기법은 크게 화폐의 시간가치를 고려하지 않은 비할인모형과 화폐의 시간가치를 고려한 할인모형으로 구분한다. 비할인모형에는 회수기간법과 회계적 이익률법이 있으며, 할인모형에는 순현가법, 내부수익률법 및 수익성지수법이 있다. 비할인모형을 전통적이 방법이라고 하고, 할인모형을 현금흐름할인법이라고 한다. 할인모형이 이론적으로는 우월한 방법이나 자본예산모형의 선택에 대한 결정은 추가비용 때문에 cost-benefit을 고려하여 결정되어야 한다.

투자안의 경제성 분석기법을 위하여 다음과 같은 사례를 통하여 살펴보도록 하자.

글로벌레스토랑은 두 개의 레스토랑 투자 안을 고려하고 있으며, 첫째 안은 현재 레스토랑을 확장하는 안, 둘째 안은 타 지역에 레스토랑을 신축하는 안으로 그 현금흐름은 다음과 같다.

(단위 : 원)

제 1 안		제 2 안		
글로벌레스토랑의 확장 투자안		글로벌레스토랑의 신축 투자안		
년도	현금흐름	년도	현금흐름	현금흐름누계
0	-10,000,000	0	-50,000,000	-50,000,000
1	3,000,000	1	9,000,000	-41,000,000
2	3,000,000	2	10,000,000	-31,000,000
3	3,000,000	3	15,000,000	-16,000,000
4	3,000,000	4	20,000,000	
5	3,000,000	5	23,000,000	

회수기간법 | 01 |

투자안의 회수기간(payback period) 또는 자본회수기간이란 투자에 소요된 자금을 회수할 수 있는 기간을 말한다. 즉, 모든 투자비를 회수할 수 있는 현금흐름을 얻는데 소요되는 기간을 말하는 것으로, 보통 년으로 표시된다. 회수기간이 빠를수록 더 좋은 투자안이라고 할 수 있다.

$$\sum_{t=1}^{N} NCF_t = I_O$$

여기에서, N = 회수기간

NCF = t 시점에서의 추정 순현금흐름

I_0 = 초기 투자액

이 공식을 사용하여 투자안의 비용이 회수될 때까지 연대순으로 합산한다. 글로벌레스토랑의 확장안처럼 매년 동일한 현금흐름이 발생하는 투자안의 회수기간을 계산하기는 아주 쉽다.

$$\text{제 1안의 회수기간} = \frac{10,000,000}{3,000,000} = 3.33\text{년}$$

그러나 신축투자안처럼 매년 현금흐름이 일정하지 않은 투자안의 회수기간의 계산은 좀 더 복잡한 과정을 거쳐야 한다.

$$\text{제 2안의 회수기간} = 3 + \frac{16,000,000}{20,000,000} = 3.80\text{년}$$

결과적으로 회수기간법에 의하면, 글로벌레스토랑은 제1안인 확장안을 채택하는 것이 더 좋은 투자안이다. 그러나 이것이 글로벌레스토랑을 위한 보다 나은 투자라는 것을 의미하지는 않는다.

회수기간법의 장점은 다음과 같다.

① 회수기간의 계산이 간편하고 이해하기 쉽다.

② 투자안의 유동성 위험을 측정하는 유용한 지표가 될 수 있다. 즉 회수기간이 짧은 투자안을 선택함으로써 미래의 불확실성을 어느 정도 감소시킬 수 있다.

③ 회수기간이 짧은 투자 안을 선택할 수 있게 하기 때문에 기업의 유동성을 향상시켜 준다. 그러나 또한 중요한 단점도 가지고 있다.

① 회수기간 내 현금흐름에 대한 화폐의 시간가치를 무시하고 있다는 점이다. 서로 다른 시점에서 발생한 현금흐름을 모두 동일하게 취급하고 있기 때문에 비합리적이라는 점이다.

② 채택가능한 회수기간 선정을 위한 객관적인 기준이 없다는 점이다. 어떤 회수기간을 기준으로 하여 투자안을 평가해야 하는지에 대한 합리적인 근거를 찾기가 어렵다.

③ 회수기간법은 회수기간이후에 발생하는 현금흐름을 무시하고 있다는 점이다. 이것은 잠재적으로 중요한 정보를 누락시킬 뿐만 아니라 상호 배타적인 투자 안이 있을 때 의사결정의 실수를 유발할 수도 있다.

④ 투자의사결정기준이 수익성이 아닌 시간성이다.

| 02 |

회계적 이익률법

회계적 이익률(ARR : accounting rates of return)은 회계적 이익을 투자액 또는 평균투자액으로 나누어 계산한 회계적 이익률을 기준으로 투자분석을 하는 방법이다. 투자안의 내용년수 동안 세후평균순이익을 평균투자액으로 나누어 계산한다. 따라서 투자안별 ROA와 ROE는 다음과 같이 계산된다.

ROA = 세후연평균순이익 / 총투자액(또는 평균투자액)

평균투자액 = (총투자액F 잔존가치) / 2

ROE = 세후연평균순이익 / 총자기자본

다음의 예는 이러한 계산방법을 보여주고 있다.

메리어트호텔 프로젝트

	2008	2009	2010	2011	2012
자기자본총투자액	20억원				
총투자액	60억원				
순이익		5억원	5억6천만원	6억원	6억3천만원

총자산순이익률(ROA) = 세후연평균순이익/총투자액 = (22억9천만원/4) / 60억원 = 9.5%

자기자본순이익률(ROE) = 세후연평균순이익/총자기자본 = (22억9천만원/4) / 20억원 = 28.6%

회계적 이익률법은 투자안의 회계적 이익률을 계산하고 이를 기준으로 투자의사결정을 하는 방법으로 ① 투자안의 채택여부는 투자안의 회계적 이익률이 기업이 미리 설정해 놓은 목표이익률보다 크면 채택하고, 작으면 채택하지 않는다. ② 투자안의 우선순위를 결정하는 경우에는 채택된 투자 안들 중에서 회계적 이익률이 가장 큰 투자 안부터 선택한다.

회계적 이익률법의 장점은 계산이 간편하고 이해하기 쉽다는 것이다. 또한 연도별 수익성을 평가할 수 있다. 하지만 다음과 같은 중요한 단점을 지니고 있다.

① 현금흐름이 아닌 회계적 이익을 기초로 하고 있다.

② 화폐의 시간가치를 고려하지 않고 있다. 즉 1년 후의 1,000원과 10년 후의 1,000원을 동일한 가치로 평가한다.

③ 감가상각방법을 다르게 적용함에 따라 순이익이 다르게 계산된다.

④ 적절한 목표이익률의 설정이 어렵다. 즉, 임의적이고 주관적이다. 기업에 따라서는 기존 투자안의 이익률 또는 경쟁호텔의 이익률을 목표이익률로 선정하는 경우가 있으나 그 정당성을 입증하기는 어렵다.

|03| 순현가법

투자안의 순현가(NPV : net present value)는 요구수익률로 할인된 순현금흐름의 현재가치에서 순투자비의 현재가치를 차감한 것을 말한다. 이 분석방법은 다른 방법에 비하여 많은 장점을 가지고 있어 가장 많이 이용되는 방법이다. 이 방법은 할인율, 매년의 현금유입액, 투자지출액을 알 수 있어야 한다. 순현가의 계산식은 다음과 같다.

NPV = 현금유입의 현재가치 − 현금유출의 현재가치

$$= \sum_{t=1}^{n} NCF_t / (1+r)^t$$

여기에서, n = 내용연수

NCF = t시점에서의 순현금흐름

r = 할인율

순현가법의 의사결정기준은 ① 단일 투자안의 채택여부는 순현가에 의하여 결정된다. 즉 투자안의 순현가가 0보다 크면(NPV > 0) 채택하고, 0보다 작으면 (NPV < 0) 채택하지 않는다. ② 상호 배타적 투자안의 경우에는 순현가가 가장큰 투자 안을 선택한다. ③ 투자안의 우선순위를 결정하는 경우에는 각 투자안의 순현가를 비교하여 순현가가 가장 큰 투자 안 순서로 선택한다.

위에서 예로 든 글로벌레스토랑의 확장투자안과 신축투자안의 순현재가치를 계산하면 다음과 같다. 할인율은 10%로 가정한다.

NPV(제1안) $= 3{,}000{,}000 \times (PVA_{n=5,\ k=10}) - 10{,}000{,}000$

$= 3{,}000{,}000 \times 3.7908 - 10{,}000{,}000$

$= 11{,}372{,}400 - 10{,}000{,}000$

$= 1{,}372{,}400$원

NPV(제2안)

$= 9{,}000{,}000 \times (PV_{n=1,\ k=10}) + 10{,}000{,}000 \times (PV_{n=2,\ k=10}) + 15{,}000{,}000 \times (PV_{n=3,\ k=10}) + 20{,}000{,}000 \times (PV_{n=4,\ k=10}) + 23{,}000{,}000 \times (PV_{n=5,\ k=10}) - 50{,}000{,}000$

= (9,000,000×0.9091H10,000,000×0.8264H15,000,000×0.7513
+ 20,000,000×0.6830H 23,000,000×0.6209)F 50,000,000

= (8,181,900H 8,264,000H 11,269,500H 13,660,000H 14,280,700)
− 50,000,000

= 55,656,100F 50,000,000

= 5,656,100원

* PVA(Present Value Annuity, 연금의 현재가치) : 유한대의 동일한 현금흐름을 가진 일련의 현금흐름을 연금이라 한다. PVA는 연금현가표에서 구할 수 있다.

* PV(Present Value, 현재가치) : PV는 미래에 발생할 일정금액을 현재시점의 현재가치로 환산한 것을 말하며 PV는 현가요소표에서 구할 수 있다.

위의 NPV를 고려하면, 제1안과 제2안이 각각 독립적인 투자안이라 가정할 경우, 모두 채택가능한 투자안이라 할 수 있다. 반면에 상호배타적인 투자안이라 가정할 경우에는 NPV의 값이 큰 제2안인 신축안을 채택해야 한다.

|04| 내부 수익률법

내부수익률(IRR : Internal Rate of Return)은 환대산업의 평가분석에서 흔히 사용되는 기준이다. 이것은 가치를 극대화하는 순현가(NPV)와 같은 결과를 가져오는 경우가 종종 있다. 하지만 IRR과 NPV의 결과가 모순되는 상황이 있으므로 이런 경우가 발생했을 때 식별하는데 주의해야 한다. 내부수익률은 투자안의 순현가를 0으로 만드는 할인율로 단순히 정의 내릴 수 있다.

다시 말하면 현금유입현가와 현금유출현가를 일치시켜주는 할인율이다. 내부수익률이 할인율보다 크거나 같을 때는 그 투자안을 수락하고, 작을 때는 그 투자안을 거부하는 방법이다.

내부수익률이란 최초투자액과 그 투자로부터 기대되는 현금유입액의 현가의 합계를 동일하게 하는 할인율로 수익률(yield rate) 또는 유효이자율(effectiverate of return)이라고도 한다.

내부수익률은 순현가를 0으로 만드는 할인율로 정의되기 때문에 내부수익률을 계산할 때 순현가계산을 정확하게 하는 것이 중요하다. 만약 순현가계산이 부정확할 경우 내부수익률은 의미가 없기 때문이다. 내부수익률의 계산식은 다음과 같다.

$$\sum_{t=1}^{n} \frac{CF_t}{(1+IRR)^t} = I_0$$

여기에서, IRR : 내부수익률

n : 투자내용연수

CF_t : 시점 t의 현금유입액

I_0 : 최초투자액

투자안에 대한 내부수익률을 계산하는 방법에는 두 가지가 있다. 하나는 그래프를 이용하는 방법이고 또 하나는 시행착오법을 이용하는 방법이다.

첫째, 그래프를 이용하는 경우에는 서로 다른 여러 가지의 요구수익률 또는 할인율에 대한 순현가를 점으로 표시한다. 이 점들이 모두 나타나는 도표를 투자안의 NPV profile이라고 부른다. 내부수익률은 NPV profile이 횡측에 교차하는 지점에 위치하며, 이 할인율은 순현가를 0으로 만든다.

둘째, 투자안에 대한 내부수익률을 계산하는 방법은 시행착오법이다. 여기서 우리는 순현가를 가능한 가깝게 0으로 만들 때까지 여러 가지 다른 할인율을 계속 적용한다. 만일 할인율을 적용하여 그 투자안의 순현가가 양의 값을 가지게 되면, 보다 높은 할인율을 적용할 필요가 있다. 만일 그 순현가가 음의 값을 가지게 되면 보다 낮은 할인율을 적용할 필요가 있다.

글로벌레스토랑의 확장 안에 대한 내부수익률을 계산하면 다음과 같다.

$$3{,}000{,}000 \times (PVA_{n=5,\ k=?}) - 10{,}000{,}000 = 0$$

$$3{,}000{,}000 \times (PVA_{n=5,\ k=?}) = 10{,}000{,}000$$

그러나 아직 할인율(k)가 얼마인가를 알지 못하다는 점을 주의해야 한다. 이는 NPV프로파일을 작성하기 위해서 할인율에 대한 서로 다른 값을 사용해야 하기 때문이다.

표 12-1. 다양한 할인율에서의 호텔확장안의 NPV

할인율(k)	투자안의 순현가
10%	1,372,400
12%	814,400
14%	299,300
15%	56,600
16%	-177,100

$$IRR = 15\% + \frac{56{,}000}{56{,}600 + 177{,}000} = 15.24\%$$

따라서 글로벌레스토랑의 확장안에 대한 내부수익률은 15.24%로 요구수익률 10%보다 훨씬 더 크기 때문에 채택가능한 투자안이라 할 수 있다.

반면에 글로벌레스토랑의 신축안에 대한 내부수익률은 다음과 같이 계산한다.

$$NPV = -50,000,000 + 9,000,000(PV_{n=1,k}) + 10,000,000(PV_{n=2,k})$$
$$+ 15,000,000(PV_{n=3,k}) + 20,000,000(PV_{n=4,k}) + 23,000,000(PV_{n=5,k})$$

할인율(k)가 얼마인가를 알지 못하기 때문에 NPV프로파일을 작성하기 위해서 서로 다른 할인율을 사용하여 작성된 NPV프로파일은 다음과 같다.

표 12-2. 다양한 할인율에서의 호텔신축안의 NPV

할인율(k)	투자안의 순현가
10%	5,656,100
13%	942,900
14%	-497,000
15%	-1,914,500

$$IRR = 13\% + \frac{942,900}{942,900 + 497,000} = 13.65\%$$

따라서 글로벌레스토랑의 신축안에 대한 내부수익률은 13.65%로 요구수익률 10%보다 훨씬 더 크기 때문에 채택 가능한 투자안이라 할 수 있다.

만일 두 개의 투자안이 서로 독립적이라면 모두 채택해야 하며, 상호배타적인 투자안이라면 내부수익률이 더 큰 확장안을 채택하는 의사결정을 해야 한다.

내부수익률의 잠재적인 문제는 내부수익률기법이 보통 NPV와 일치하는 결정을 가져오기도 하지만 사실이 아닌 경우도 있다. 첫째, X축에 결코 교차하지 않거나(이때는 IRR이 없다) 또는 한번 이상 교차하는(다수의 IRR이 있다) NPV 프로파일이 있을 수 있다는 점이다.

둘째, 상호 배타적인 투자안 또는 대체안이 있을 경우 잠재적인 문제가 생긴다. 상호 배타적인 투자안들은 일반적으로 NPV를 사용할 때 문제는 나타나지않기 때문에 단지 NPV의 값에 따라 순서대로 열거하고 가장 높은 NPV를 선정하면 된다. 그러나 의사결정기준으로 IRR을 사용할 때에는 그 상황이 그렇게 간단하지 않다. 이러한 상황에서 IRR을 사용함으로써 나타나는 한 가지 문제는 규모의 문제(scale problem)이다. 상호배타적인 투자안을 평가할 때 IRR 기법을 사용함으로써 나타나는 또 다른 문제는 재투자율가정(re-investment rate assumption)이다. IRR을 계산하는 방법에는 호텔 투자안이 창출하는 현금흐름을 투자안의 IRR을 벌어들이기 위하여 재투자한다는 것을 암묵적으로 가정하고 있다.

현실적으로 IRR기준은 아직도 호스피탈리티 평가분석에 있어서 폭넓게 활용되고 있다. 이러한 한 가지 중요한 이유는 NPV가 무엇을 나타내는 것인지 명확하게 이해하지 못하는 호스피탈리티 의사결정자들이 투자안의 수익률로 말하는 것에 더 직관적으로 매력을 느꼈는지도 모르기 때문이다. 대부분의 경우, IRR기준 의사결정은 가치를 극대화하는 것과 일치하고 있다. 그러나 이것이 사실이 아닐 때도 있다.

|04| 수익성 지수법

수익성지수(profitability index)는 투자로 인하여 발생하는 현금유입액의 현가를 현금유출액의 현가로 나눈 비율을 말한다.

$$PI = \frac{\text{현금유입의 현가}}{\text{현금유출의 현가}} = 1 + \frac{NPW}{I_0}$$

글로벌레스토랑의 확장투자안을 위한 수익성지수는 다음과 같이 계산한다.

$$PI = \frac{3,000,000 \times (PVA_{n=5,\ k=10})}{10,000,000} = \frac{1,372,400}{10,000,000} = 1.37$$

이것은 NPV에 1을 더하여 계산하는 것과 같다.

$$PI = 1 + \frac{NPV}{I_0} = 1 + \frac{372,400}{10,000,000} = 1.37$$

반면에 글로벌레스토랑의 신축투자안에 대한 수익성지수는 다음과 같다.

$$PI = 1 + \frac{NPV}{I_0} = 1 + \frac{5,656,100}{50,000,000} = 1.11$$

1보다 큰 수익성지수는 채택 가능한 투자안이라는 것을 의미하며, 정(+)의 순현가를 가져온다는 의미이다. 반면에 1보다 작은 수익성지수는 채택 불가능한 투자안이라는 것을 의미하며, 부(−)의 순현가를 가져온다는 의미이다. 수익성지수가 1이라는 것은 정확하게 요구수익률 만큼만을 창출한다는 것을 나타낸다.

수익성지수법은 기업이 제한된 자본을 배분하는 결정을 할 때 가장 유용하다. 기업이 자본배분결정을 할 때에는 전체 순현재가치 즉 기업가치를 최대화 할 수 있는 투자조합을 선택해야 한다. 투자안의 수익성지수가 높을수록 투자 1단위당 순현가는 더 커진다. 수익성지수법은 투자안의 채택여부를 결정짓는 적절한 척도라고 할 수 있다. 대부분의 경우, 상호배타적인 투자안의 채택여부를 결정짓기 위해 사용되지만, 자본배분상황을 제외하고는 별로 사용되지 않고 있다.

STO
RCL
INPUT
DSP

Supplement / Reference

부 록 / 참고문헌

표 1-1 미래가치요소 $(1+r)^n$

이자율(r) 기간(n)	1%	2%	3%	4%	5%	6%	7%	8%	9%	10%
1	1.0100	1.0200	1.0300	1.0400	1.0500	1.0600	1.0700	1.0800	1.0900	1.1000
2	1.0201	1.0404	1.0609	1.0816	1.1025	1.1236	1.1449	1.1664	1.1881	1.2100
3	1.0303	1.0612	1.0927	1.1249	1.1576	1.1910	1.2250	1.2597	1.2950	1.3310
4	1.0406	1.0824	1.1255	1.1699	1.2155	1.2625	1.3108	1.3605	1.4116	1.4641
5	1.0510	1.1041	1.1593	1.2167	1.2763	1.3382	1.4026	1.4693	1.5386	1.6105
6	1.0615	1.1262	1.1941	1.2653	1.3401	1.4185	1.5007	1.5869	1.6771	1.7716
7	1.0721	1.1487	1.2299	1.3159	1.4071	1.5036	1.6058	1.7138	1.8280	1.9487
8	1.0829	1.1717	1.2668	1.3686	1.4775	1.5938	1.7182	1.8509	1.9926	2.1436
9	1.0937	1.1951	1.3048	1.4233	1.5513	1.6895	1.8385	1.9990	2.1719	2.3579
10	1.1046	1.2190	1.3439	1.4802	1.6289	1.7908	1.9672	2.1589	2.3674	2.5937
11	1.1157	1.2434	1.3842	1.5395	1.7103	1.8983	2.1049	2.3316	2.5804	2.8531
12	1.1268	1.2682	1.4258	1.6010	1.7959	2.0122	2.2522	2.5182	2.8127	3.1384
13	1.1381	1.2936	1.4685	1.6651	1.8856	2.1329	2.4098	2.7196	3.0658	3.4523
14	1.1496	1.3195	1.5126	1.7317	1.9799	2.2609	2.5785	2.9372	3.3417	3.7975
15	1.1610	1.3459	1.5580	1.8009	2.0789	2.3966	2.7590	3.1722	3.6425	4.1772
16	1.1726	1.3728	1.6047	1.8730	2.1829	2.5404	2.9522	3.4259	3.9703	4.5950
17	1.1843	1.4002	1.6528	1.9479	2.2920	2.6928	3.1588	3.7000	4.3276	5.0545
18	1.1961	1.4282	1.7024	2.0258	2.4066	2.8543	3.3799	3.9960	4.7171	5.5599
19	1.2081	1.4568	1.7535	2.1068	2.5270	3.0256	3.6165	4.3157	5.1417	6.1159
20	1.2202	1.4859	1.8061	2.1911	2.6533	3.2071	3.8697	4.6610	5.6044	6.7275
21	1.2324	1.5157	1.8603	2.2788	2.7860	3.3996	4.1406	5.0338	6.1088	7.4002
22	1.2447	1.5460	1.9161	2.3699	2.9253	3.6035	4.4304	5.4365	6.6586	8.1403
23	1.2572	1.5769	1.9736	2.4647	3.0715	3.8197	4.7405	5.8715	7.2579	8.9543
24	1.2697	1.6084	2.0328	2.5633	3.2251	4.0489	5.0724	6.3412	7.9111	9.8497
25	1.2824	1.6406	2.0938	2.6658	3.3864	4.2919	5.4274	6.8485	8.6231	10.835
26	1.2953	1.6734	2.1566	2.7725	3.5557	4.5494	5.8074	7.3964	9.3992	11.918
27	1.3082	1.7069	2.2213	2.8834	3.7335	4.8223	6.2139	7.9881	10.245	13.110
28	1.3213	1.7410	2.2879	2.9987	3.9201	5.1117	6.6488	8.6271	11.167	14.421
29	1.3345	1.7758	2.3566	3.1187	4.1161	5.4184	7.1143	9.3173	12.172	15.863
30	1.3478	1.8114	2.4273	3.2434	4.3219	5.7435	7.6123	10.063	13.268	17.449
35	1.4166	1.9999	2.8139	3.9461	5.5160	7.6861	10.676	14.785	20.414	28.102
40	1.4889	2.2080	3.2620	4.8010	7.0400	10.286	14.974	21.725	31.409	45.259
45	1.5648	2.4379	3.7816	5.8412	8.9850	13.765	21.002	31.920	48.327	72.891
50	1.6446	2.6916	4.3839	7.1067	11.467	18.420	29.457	46.902	74.358	117.39

표 1-2 미래가치요소

이자율(r) 기간(n)	11%	12%	13%	14%	15%	16%	17%	18%	19%	20%
1	1.1100	1.1200	1.1300	1.1400	1.1500	1.1600	1.1700	1.1800	1.1900	1.2000
2	1.2321	1.2544	1.2769	1.2996	1.3225	1.3456	1.3689	1.3924	1.4161	1.4400
3	1.3676	1.4049	1.4429	1.4815	1.5209	1.5609	1.6016	1.6430	1.6852	1.7280
4	1.5180	1.5735	1.6305	1.6890	1.7490	1.8106	1.8739	1.9388	2.0053	2.0736
5	1.6851	1.7623	1.8424	1.9254	1.0114	2.1003	2.1924	2.2878	2.3864	2.4883
6	1.8704	1.9738	2.0820	2.1950	2.3131	2.4364	2.5652	2.6996	2.8398	2.9860
7	2.0762	2.2107	2.3526	2.5023	2.6600	2.8262	3.0012	3.1855	3.3793	3.5832
8	2.3045	2.4760	2.6584	2.8526	3.0590	3.2784	3.5115	3.7589	4.0214	4.2998
9	2.5580	2.7731	3.0040	3.2519	3.5179	3.8030	4.1084	4.4355	4.7854	5.1598
10	2.8394	3.1058	3.3946	3.7072	4.0456	4.4114	4.8068	5.2338	5.6947	6.1917
11	3.1518	3.4785	3.8359	4.2262	4.6524	5.1173	5.6240	6.1759	6.7767	7.4301
12	3.4985	3.8960	4.3345	4.8179	5.3503	5.9360	6.5801	7.2876	8.0642	8.9161
13	3.8833	4.3635	4.8980	5.4924	6.1528	6.8858	7.6987	8.5994	9.5964	10.699
14	4.3104	4.8871	5.5348	6.2613	7.0757	7.9875	9.0075	10.147	11.420	12.839
15	4.7846	5.4736	6.2543	7.1379	8.1371	9.2655	10.539	11.974	13.589	15.407
16	5.3109	6.1304	7.0673	8.1372	9.3576	10.748	12.330	14.129	16.172	18.488
17	5.8951	6.8660	7.9861	9.2765	10.761	12.468	14.427	16.672	19.244	22.186
18	6.5436	7.6900	9.0243	10.575	12.375	14.463	16.879	19.673	22.901	26.623
19	7.2633	8.6128	10.197	12.056	14.232	16.777	19.748	23.214	27.252	31.948
20	8.0623	9.6463	11.523	13.743	16.367	19.461	23.106	27.393	32.499	38.338
21	8.9492	10.804	13.021	15.668	18.822	22.574	27.034	32.324	38.591	46.005
22	9.9336	12.100	14.714	17.861	21.645	26.186	31.629	38.142	45.923	55.206
23	11.026	13.552	16.626	20.362	24.891	30.376	37.006	45.008	54.648	66.247
24	12.239	15.179	18.788	23.212	28.625	35.236	43.297	53.109	65.032	79.497
25	13.586	17.000	21.231	26.462	32.919	40.874	50.658	62.669	77.388	95.396
26	15.080	19.040	23.991	30.167	37.857	47.414	59.270	73.949	92.092	114.48
27	16.738	21.325	27.109	34.390	34.535	55.000	69.345	87.260	109.59	137.37
28	18.580	23.884	30.634	39.204	50.066	63.800	81.134	102.97	130.41	164.84
29	20.624	26.750	34.617	44.693	57.575	74.009	94.927	121.50	155.19	197.81
30	22.892	29.960	39.116	50.950	66.212	85.850	111.06	143.37	184.67	237.38
35	38.575	52.800	72.068	98.100	133.18	180.31	243.56	327.99	440.70	590.67
40	65.001	93.051	132.78	188.88	267.86	378.72	533.86	750.38	1051.6	1469.8
45	109.53	163.99	244.64	363.68	538.77	795.44	1170.5	1716.7	2509.6	3657.3
50	184.56	289.00	450.74	700.23	1083.7	1670.7	2566.2	3927.4	5988.9	9100.4

표 2-1 현가요소 $\frac{1}{(1+r)^n}$

이자율(r) 기간(n)	1%	2%	3%	4%	5%	6%	7%	8%	9%	10%
1	.9901	.9804	.9709	.9615	.9524	.9434	.9346	.9529	.9174	.9091
2	.9803	.9612	.9426	.9266	.9070	.8900	.8734	.8573	.8417	.8264
3	.9706	.9423	.9151	.8890	.8638	.8396	.8163	.7938	.7722	.7513
4	.9610	.9238	.8885	.8548	.8227	.7921	.7629	.7350	.7084	.6830
5	.9515	.9057	.8626	.8219	.7835	.7473	.7130	.6806	.6499	.6209
6	.9420	.8880	.8375	.7903	.7462	.7050	.6663	.6302	.5963	.5655
7	.9327	.8706	.8131	.7599	.7107	.6651	.6227	.5835	.5470	.5132
8	.9235	.8535	.7894	.7307	.6768	.6274	.5820	.5403	.5019	.4665
9	.9143	.8368	.7664	.7026	.6446	.5919	.5439	.5002	.4604	.4241
10	.9053	.8203	.7441	.6756	.6139	.5584	.5083	.4632	.4224	.3855
11	.8963	.8043	.7224	.6496	.5847	.5268	.4751	.4289	.3875	.3505
12	.8874	.7885	.7014	.6246	.5568	.4970	.4440	.3971	.3555	.3186
13	.8787	.7730	.6810	.6006	.5303	.4688	.4150	.3677	.3262	.2897
14	.8700	.7579	.6611	.5775	.5051	.4423	.3878	.3405	.2992	.2633
15	.8613	.7430	.6419	.5535	.4810	.4173	.3624	.3152	.2745	.2394
16	.8528	.7284	.6232	.5339	.4581	.3936	.3387	.2919	.2519	.2176
17	.8444	.7142	.6050	.5134	.4363	.3714	.3166	.2703	.2311	.1978
18	.8360	.7002	.5874	.4936	.4155	.3503	.2959	.2502	.2120	.1799
19	.8277	.6864	.5703	.4746	.3957	.3305	.2765	.2317	.1945	.1635
20	.8195	.6730	.5537	.4564	.3769	.3118	.2584	.2145	.1784	.1486
21	.8114	.6598	.5375	.4388	.3589	.2942	.2415	.1987	.1637	.1351
22	.8034	.6468	.5219	.4220	.3418	.2775	.2257	.1839	.1502	.1228
23	.7954	.6342	.5067	.4057	.3256	.2618	.2109	.1703	.1378	.1117
24	.7876	.6217	.4919	.3901	.3101	.2470	.1971	.1577	.1264	.1015
25	.7798	.6095	.4776	.3751	.2953	.2330	.1842	.1460	.1160	.0923
26	.7720	.5976	.4637	.3607	.2812	.2198	.1722	.1352	.1064	.0839
27	.7644	.5859	.4502	.3468	.2678	.2074	.1609	.1252	.0976	.0763
28	.7568	.5744	.4371	.3335	.2551	.1956	.1504	.1159	.0895	.0693
29	.7493	.5631	.4243	.3207	.2429	.1846	.1406	.1073	.0822	.0630
30	.7419	.5521	.4120	.3083	.2314	.1741	.1314	.0994	.0754	.0573
35	.7059	.5000	.3554	.2534	.1813	.1301	.0937	.0676	.0490	.0356
40	.6717	.4529	.3066	.2083	.1420	.0972	.0668	.0460	.0318	.0221
45	.6391	.4102	.2644	.1712	.1113	.0727	.0476	.0313	.0207	.0137
50	.6080	.3715	.2281	.1407	.0872	.0543	.0339	.0213	.0134	.0085

표 2-2 현가요소

이자율(r) 기간(n)	11%	12%	13%	14%	15%	16%	17%	18%	19%	20%
1	.9009	.8929	.8850	.8772	.8696	.8621	.8547	.8475	.8403	.8333
2	.8116	.7972	.7831	.7695	.7561	.7432	.7305	.7182	.7062	.6944
3	.7312	.7118	.6931	.6750	.6575	.6407	.6244	.6086	.5934	.5787
4	.6587	.6355	.6133	.5921	.5718	.5523	.5337	.5158	.4987	.4823
5	.5935	.5674	.5428	.5194	.4972	.4761	.4561	.4371	.4190	.4019
6	.5346	.5066	.4803	.4556	.4323	.4104	.3898	.3704	.3521	.3349
7	.4817	.4523	.4251	.3996	.3759	.3538	.3332	.3139	.2959	.2791
8	.4339	.4039	.3762	.3506	.3269	.3050	.2848	.2660	.2487	.2326
9	.3909	.3606	.3329	.3075	.2843	.2630	.2434	.2255	.2090	.1938
10	.3522	.3220	.2946	.2697	.2472	.2267	.2080	.1911	.1756	.1615
11	.3173	.2875	.2607	.2366	.2149	.1954	.1778	.1619	.1476	.1346
12	.2858	.2567	.2307	.2076	.1869	.1685	.1520	.1372	.1240	.1122
13	.2575	.2292	.2042	.1821	.1625	.1452	.1299	.1163	.1042	.0935
14	.2320	.2046	.1807	.1597	.1413	.1252	.1110	.0985	.0876	.0779
15	.2090	.1827	.1599	.1401	.1229	.1079	.0949	.0835	.0736	.0649
16	.1883	.1631	.1415	.1229	.1069	.0930	.0811	.0708	.0618	.0541
17	.1696	.1456	.1252	.1070	.0929	.0002	.0693	.0600	.0520	.0451
18	.1528	.1300	.1108	.0946	.0808	.0691	.0592	.0508	.0437	.0376
19	.1377	.1161	.0981	.0829	.0703	.0596	.0506	.0431	.0367	.0313
20	.1240	.1037	.0868	.0728	.0611	.0514	.0433	.0365	.0308	.0261
21	.1117	.0926	.0768	.0638	.0531	.0443	.0370	.0309	.0259	.0217
22	.1007	.0326	.0680	.0560	.0462	.0382	.0316	.0262	.0218	.0181
23	.0907	.0738	.0601	.0491	.0402	.0329	.0270	.0222	.0183	.0151
24	.0817	.0659	.0532	.0431	.0349	.0284	.0231	.0188	.0154	.0126
25	.0736	.0588	.0471	.0378	.0304	.0245	.0197	.0160	.0129	.0105
26	.0663	.0525	.0417	.0331	.0264	.0211	.0169	.0135	.0109	.0087
27	.0597	.0469	.0369	.0291	.0230	.0182	.0144	.0115	.0091	.0073
28	.0538	.0419	.0326	.0255	.0200	.0157	.0123	.0097	.0077	.0061
29	.0485	.0374	.0289	.0224	.0174	.0135	.0105	.0082	.0064	.0051
30	.0437	.0334	.0256	.0196	.0151	.0116	.0090	.0070	.0054	.0042
35	.0259	.0189	.0139	.0102	.0075	.0055	.0041	.0030	.0023	.0017
40	.0154	.0107	.0075	.0053	.0037	.0026	.0019	.0013	.0010	.0007
45	.0091	.0061	.0041	.0027	.0019	.0013	.0009	.0006	.0004	.0003
50	.0054	.0035	.0022	.0014	.0009	.0006	.0004	.0003	.0002	.0001

표 3-1 연금의 미래가치요소 $\frac{(1+r)^n-1}{r}$

이자율(r) 기간(n)	1%	2%	3%	4%	5%	6%	7%	8%	9%	10%
1	1.0000	1.0000	1.0000	1.0000	1.0000	1.0000	1.0000	1.0000	1.0000	1.0000
2	2.0100	2.0200	2.0300	2.0400	2.0500	2.0600	2.0700	2.0800	2.0900	2.1000
3	3.0301	3.0604	3.0909	3.1216	2.1525	3.1836	3.2149	3.2464	3.2781	3.3100
4	4.0604	4.1216	4.1836	4.2465	4.3101	4.3746	4.4399	4.5061	4.5731	4.6410
5	5.1010	5.2040	5.3091	5.4163	5.5256	5.6371	5.7507	5.8666	5.9847	6.1051
6	6.1520	6.3081	6.4684	6.6330	6.8019	6.9753	7.1533	7.3359	7.5233	7.7156
7	7.2135	7.4343	7.6625	7.8983	8.1420	8.3938	8.6540	8.9228	9.2004	9.4872
8	8.2857	8.5830	8.8923	9.2142	9.5491	9.8975	10.260	10.637	11.028	11.436
9	9.3685	9.7546	10.159	10.583	11.027	11.491	11.978	12.488	13.021	13.579
10	10.469	10.950	11.464	12.006	12.578	13.181	13.816	14.487	15.193	15.937
11	11.567	12.169	12.808	13.486	14.207	14.972	15.784	16.645	17.560	18.531
12	12.683	13.142	14.192	15.026	14.917	16.870	17.888	18.977	20.141	21.384
13	13.809	14.680	15.618	16.627	17.713	18.882	20.141	21.495	22.953	24.523
14	14.947	15.974	17.086	18.292	19.599	21.015	22.550	24.215	26.019	27.975
15	16.097	17.293	18.599	20.024	21.579	23.276	25.129	27.152	29.361	31.772
16	17.258	18.639	20.157	21.825	23.657	25.673	27.888	30.324	33.003	35.950
17	18.430	20.012	21.762	23.698	25.840	28.213	30.840	33.750	36.974	40.545
18	19.615	21.412	23.414	25.645	28.132	30.906	33.999	37.450	41.301	45.599
19	20.811	22.841	25.117	27.671	30.539	33.760	37.379	41.446	46.018	51.159
20	22.019	24.297	26.870	29.778	33.066	36.786	40.995	45.762	51.160	57.275
21	23.239	25.783	28.676	31.969	35.719	39.993	44.865	50.423	56.765	64.002
22	24.472	27.299	30.537	34.248	38.505	43.392	49.006	55.457	62.873	71.403
23	25.716	28.845	32.453	36.618	41.430	46.996	53.436	60.893	69.532	79.543
24	26.973	30.422	34.426	39.083	44.502	50.816	58.177	66.765	76.790	88.497
25	28.243	32.030	36.459	41.646	47.727	54.865	63.249	73.106	84.701	98.347
26	29.526	33.671	38.553	44.312	51.113	59.156	68.676	79.954	93.324	109.18
27	30.821	35.344	40.710	47.084	54.669	63.706	74.484	87.351	102.72	121.10
28	32.129	37.051	42.931	49.968	58.403	68.528	80.698	95.339	112.97	134.21
29	33.450	38.792	45.219	52.966	62.323	73.640	87.347	103.97	124.14	148.63
30	34.785	40.568	47.575	56.085	66.439	79.058	94.461	113.28	136.31	164.49
35	41.660	49.994	60.462	73.652	90.320	111.43	138.24	172.32	215.71	271.02
40	48.886	60.402	75.401	95.026	120.80	154.76	199.64	269.06	337.88	442.59
45	56.481	71.893	92.720	121.03	159.70	212.74	285.75	386.51	525.86	718.90
50	64.463	84.579	112.80	152.67	209.35	290.34	406.53	573.77	815.08	1163.9

표 3-2 연금의 미래가치요소

이자율(r) / 기간(n)	11%	12%	13%	14%	15%	16%	17%	18%	19%	20%
1	1.0000	1.0000	1.0000	1.0000	1.0000	1.0000	1.0000	1.0000	1.0000	1.0000
2	2.1100	2.1200	2.1300	2.1400	2.1500	2.1600	2.1700	2.1800	2.1900	2.2000
3	3.3421	3.3744	3.4069	3.4396	3.4725	3.5056	3.5389	3.5724	3.6061	3.6400
4	4.7097	4.7793	4.8498	4.9211	4.9934	5.0665	5.1405	5.2154	5.2913	5.3680
5	6.2278	6.3528	6.4803	6.6101	6.7424	6.8771	7.0144	7.1542	7.2966	7.4416
6	7.9130	8.1152	8.3230	8.5355	8.7537	8.9775	9.2068	9.4420	9.6830	9.9299
7	9.7830	10.089	10.405	10.703	11.067	11.414	11.772	12.142	12.523	12.916
8	11.859	12.300	12.757	13.233	13.727	14.240	14.773	15.327	15.920	16.499
9	14.163	14.776	15.416	16.085	16.786	17.519	18.285	19.086	19.923	20.799
10	16.722	17.549	18.419	19.337	20.304	21.321	22.393	23.521	24.709	25.959
11	19.561	20.655	21.814	23.045	24.349	25.733	27.199	28.755	30.404	32.150
12	22.713	24.133	25.650	27.271	29.002	30.850	32.823	34.931	37.180	39.581
13	26.211	28.029	29.984	32.089	34.352	36.786	39.404	42.219	45.244	48.497
14	30.095	32.393	34.883	37.581	40.505	43.672	47.103	50.818	54.841	59.196
15	34.405	37.280	40.418	43.842	47.580	51.660	56.110	60.965	66.261	72.035
16	39.199	42.753	46.672	50.980	55.717	60.925	66.649	72..939	79.850	87.442
17	44.501	48.884	53.739	59.118	65.075	71.673	78.979	87.068	96.022	105.93
18	50.396	55.750	61.725	68.394	75.836	84.141	93.406	103.74	115.26	128.12
19	56.939	63.440	70.749	78.969	88.212	98.603	110.29	123.41	138.16	154.74
20	64.203	72.052	80.947	91.025	102.44	115.38	130.03	146.63	165.42	186.69
21	72.265	81.699	99.469	104.77	118.81	134.84	153.14	174.02	197.85	225.03
22	81.214	95.503	105.49	120.44	137.63	157.41	180.17	206.34	236.44	271.03
23	91.148	104.60	120.20	138.30	159.28	183.60	211.80	244.49	282.36	326.03
24	102.17	118.16	136.83	158.66	184.17	213.98	248.81	289.49	337.01	399.48
25	114.41	133.33	155.62	181.87	212.79	249.21	292.10	342.60	402.04	471.98
26	127.99	150.33	176.85	208.33	245.71	290.09	342.76	405.27	479.43	567.38
27	143.08	169.37	200.84	238.50	283.57	337.50	402.03	479.22	571.52	681.85
28	159.82	190.70	227.95	272.89	327.10	392.50	471.38	566.48	681.11	819.22
29	178.39	214.58	258.558	312.09	377.17	456.30	552.51	669.45	811.52	984.07
30	199.02	241.33	293.19	356.79	434.75	530.31	647.44	790.95	966.71	1181.9
35	341.59	431.66	546.68	693.57	881.17	1120.7	1426.4	1816.7	2314.2	2948.3
40	581.83	767.09	1013.7	1342.0	1779.1	2360.8	3134.5	4163.2	5529.8	7343.9
45	989.64	1358.3	1874.2	2590.6	3585.1	4965.3	6879.2	9531.6	13203.	18281.
50	1668.7	2400.0	3459.5	4994.5	7217.7	10436.	15089.	21813.	31515.	45497.

표 4-1 연금의 현가요소 $\frac{1-(1+r)^{-n}}{r}$

이자율(r) 기간(n)	1%	2%	3%	4%	5%	6%	7%	8%	9%	10%
1	0.9901	0.9804	0.9709	0.9615	0.9524	0.9434	0.9346	0.9259	0.9174	0.9091
2	1.9704	1.9416	1.9135	1.8861	1.8594	1.8334	1.8080	1.7833	1.7591	1.7355
3	2.9410	2.8839	2.8286	2.7751	2.7232	2.6730	2.6243	2.5771	2.5313	2.4869
4	3.9020	3.8077	3.7171	3.6299	3.5460	3.4651	3.3872	3.3121	3.2397	3.1699
5	4.8534	4.7135	4.5797	4.4518	4.3295	4.2124	4.1002	3.9927	3.8897	3.7908
6	5.7955	5.6014	5.4172	5.2421	5.0757	4.9173	4.7665	4.6229	4.4859	4.3553
7	6.7282	6.4720	6.2303	6.0021	5.7864	5.5824	5.3893	5.2064	5.0330	4.8684
8	7.6517	7.3255	7.0197	6.7327	6.4632	6.2098	5.9713	5.7466	5.5348	5.3349
9	8.5660	8.1622	7.7861	7.4353	7.1078	6.8017	6.5152	6.2469	5.9952	5.7590
10	9.4713	8.9826	8.5302	8.1109	7.7217	7.3601	7.0236	6.7101	6.4177	6.1446
11	10.368	9.7868	9.2526	8.7605	8.3064	7.8869	7.4987	7.1390	6.8052	6.4951
12	11.255	10.575	9.9540	9.3851	8.8633	8.3838	7.9427	7.5361	7.1607	6.8137
13	12.134	11.348	10.635	9.9856	9.3936	8.8527	8.3577	7.9038	7.4869	7.1034
14	13.004	12.106	11.296	10.563	9.8986	9.2950	8.7455	8.2442	7.7862	7.3667
15	13.865	12.849	11.938	11.118	10.380	9.7122	9.1079	8.5595	8.0607	7.6061
16	14.718	13.578	12.561	11.652	10.838	10.106	9.4466	8.8514	8.3126	7.8237
17	15.562	14.292	13.166	12.166	11.274	10.477	9.7632	9.1216	8.5436	8.0216
18	16.398	14.992	13.756	12.659	11.690	10.828	10.059	9.3719	8.7556	8.2014
19	17.226	15.679	14.324	13.134	12.085	11.158	10.336	9.6036	8.9501	8.3649
20	18.046	16.351	14.877	13.590	12.462	11.470	10.594	9.8181	9.1285	8.5136
21	18.857	17.011	15.415	14.029	12.821	11.764	10.835	10.017	9.2922	8.6487
22	19.660	17.658	16.937	14.451	13.163	12.042	11.061	10.201	9.4424	8.7715
23	20.456	18.292	16.444	14.857	13.489	12.303	11.272	10.371	9.5802	8.8832
24	21.243	18.914	16.935	15.247	13.799	12.550	11.469	10.529	9.7066	8.9847
25	22.023	19.524	17.413	15.622	14.094	12.783	11.654	10.675	9.8226	9.0770
26	22.795	20.121	17.877	15.983	14.375	13.003	11.826	10.810	9.9290	9.1609
27	23.560	20.707	18.327	16.330	14.643	13.210	11.987	10.935	10.027	9.2372
28	24.316	21.281	18.764	16.663	14.898	13.406	12.137	11.051	10.116	9.3066
29	25.066	21.844	19.188	16.984	15.141	13.591	12.278	11.158	10.198	9.3696
30	25.808	22.397	19.600	17.292	15.373	13.765	12.409	11.258	10.274	9.4269
35	29.409	24.999	21.487	18.665	16.374	14.498	12.948	11.625	10.567	9.6442
40	32.835	27.356	23.115	19.793	17.159	15.046	13.332	11.925	10.757	9.7791
45	36.096	29.490	24.519	20.720	17.774	15.456	13.605	12.108	10.881	9.8628
50	39.196	31.424	25.730	21.482	18.256	15.762	13.801	12.233	10.962	9.9148

표 4-2 연금의 현가요소

이자율(r) 기간(n)	11%	12%	13%	14%	15%	16%	17%	18%	19%	20%
1	0.9009	0.8929	0.8850	0.8772	0.8696	0.8621	0.8547	0.8475	0.8403	0.8333
2	1.7125	1.6901	1.6681	1.6467	1.6257	1.6052	1.5852	1.5656	1.5465	1.5278
3	2.4437	2.4018	2.3612	2.3216	2.2832	2.2459	2.2096	2.1743	2.1399	2.1065
4	3.1024	3.0373	2.9745	2.9137	2.8550	2.7982	2.7432	2.6901	2.6386	2.5887
5	3.6959	3.6048	3.5172	3.4331	3.3522	3.2743	3.1993	3.1272	3.0576	2.9905
6	4.2305	4.1114	3.9975	3.8887	3.7845	3.6847	3.5892	3.4976	3.4098	3.3255
7	4.7122	4.5638	4.4226	4.2883	4.1604	4.0386	3.9224	3.8115	3.7057	3.6046
8	5.1461	4.9676	4.7988	4.6389	4.4873	4.3436	4.2072	4.0776	3.9544	3.8372
9	5.5370	5.3282	5.1317	4.9464	4.7716	4.6065	4.4506	4.3030	4.1633	4.0310
10	5.8892	5.6502	5.4262	5.2161	5.0188	4.8332	4.6586	4.4941	4.3389	4.1925
11	6.2065	5.9377	5.6869	5.4527	5.2337	5.0286	4.8364	4.6560	4.4865	4.3271
12	6.4924	6.1944	5.9176	5.6603	5.4206	5.1971	4.9884	4.7932	4.6105	4.4392
13	6.7499	6.4235	6.1218	55.8424	5.5831	5.3423	5.1183	4.9095	4.7147	4.5327
14	6.9819	6.6282	6.3025	6.0021	5.7245	5.4675	5.2293	5.0081	4.8023	4.6106
15	7.1909	6.8109	6.4624	6.1442	5.8474	5.5755	5.3242	5.0916	4.8759	4.6755
16	7.3792	6.9740	6.6039	6.2651	5.9542	5.6685	5.4053	5.1624	4.9377	4.7296
17	7.5488	7.1196	6.7291	6.3729	6.0472	5.7487	5.4746	5.2223	4.9897	4.7746
18	7.7016	7.2497	6.8399	6.4674	6.1280	5.8178	5.5339	5.2732	5.0333	4.8122
19	7.8393	7.3658	6.9380	6.5504	6.1982	5.8775	5.5845	5.3162	5.0700	4.8435
20	7.9633	7.4694	7.0248	6.6231	6.2593	5.9288	5.6278	5.3527	5.1009	4.8696
21	8.0751	7.5620	7.1015	6.6870	6.3125	5.9731	5.6648	5.3837	5.1268	4.8913
22	8.1757	7.6446	7.1695	6.7429	6.3687	6.0113	5.6964	5.4099	5.1486	4.9094
23	8.2664	7.7184	7.2297	6.7921	6.3988	6.0442	5.7234	5.4321	5.1668	4.9245
24	8.3481	7.7843	7.2829	6.8351	6.4388	6.0726	5.7465	5.4509	5.1822	4.9371
25	8.4217	7.8431	7.3300	6.8729	6.4641	6.0971	5.7662	5.4669	5.1951	4.9476
26	8.4881	7.8957	7.3717	6.9061	6.4906	6.1182	5.7831	5.4804	5.2060	4.9563
27	8.5478	7.9426	7.4086	6.9352	6.5135	6.1364	5.7975	5.4919	5.2151	4.9636
28	8.6016	7.9844	7.4412	6.9607	6.5335	6.1520	5.8099	5.5016	5.2228	4.9697
29	8.6501	8.0218	7.4701	6.9830	6.5509	6.1656	5.8204	5.5098	5.2292	4.9747
30	8.6938	8.0552	7.4957	7.0027	6.5660	6.1772	5.8294	5.5168	5.2347	4.9789
35	8.8552	8.1755	7.5856	7.0700	6.6166	6.2153	5.8582	5.5386	5.2512	4.9915
40	8.9511	8.2433	7.6344	7.1050	6.6418	6.2335	5.8713	5.5482	5.2582	4.9966
45	9.0079	8.2826	7.6609	7.1232	6.6543	6.2421	5.8773	5.5523	5.2611	4.9986
50	9.0417	8.3045	7.6752	7.1327	6.6605	6.2463	5.8801	5.5541	5.2623	4.9995

참고문헌

고재용 · 김수영 · 임상헌(2012), 이해하기 쉬운 호스피탈리티 재무관리, 대왕사

김동수(2012), 식음료원가관리론, 백산출판사

김성기(2004), 현대 원가 · 관리회계, 다산출판사

나정기(2011), 식음료원가관리의 이해, 백산출판사

박대환 · 공기열(2007), 호텔외식구매관리론, 기문사

성현선(2010), 호스피탈리티 서비스, 석학당

신준용 · 정명환(2000), 원가관리회계, 학현사

안일준 · 유희경(2004), 관리회계원론, 형설출판사

유희경 · 원철식 · 김수정(2013), 관광산업 회계학원론, 백산출판사

이정자(2002), 호텔식음료 원가관리, 형설출판사

전병길 · 김영훈 · 이승미(2012), 식음료 원가관리 실무, 한올출판사

조소윤(2002), 호텔관리회계론, 기문사

조소윤 · 고재용(2003), 호텔관광 재무관리, 학문사

최영준(2002), 호텔 식음료 서비스론, 기문사

휴넷 사이버 경영연구소, 실무자를 위한 CVP 분석

Ansari Bell(1998), 신홍철 역, 타겟 코스팅, 명경사

Michael M. OLMAN(1989), Cost control for the hospitality industry, Van Nostrand Reinhold

원 철 식

- 경희대학교 경영대학원 관광경영학과 졸업(경영학 석사)
- Florida International University 졸업(Hospitality Management 전공 석사)
- 세종대학교 대학원 호텔관광경영학과 졸업(경영학 박사)
- 한국관광서비스학회 회장 역임
- 한국호텔리조트학회 회장 역임
- 현재 한국관광레저학회 편집위원장
- 현재 영산대학교 호텔경영학과 교수

F&B COST CONTROL For the HOSPITALITY INDUSTRY
호스피탈리티산업 식음료 원가관리론

2018년 2월 19일 1판 1쇄 인쇄 / 2018년 2월 22일 1판 1쇄 발행

지은이. 원 철 식
펴낸이. 윤 용 호
펴낸곳. 석학당 출판사 121-856 서울시 마포구 토정로 222 한국출판협동조합 3층 301호
등록. 2001.10.23. 제10-2238호 | 전화. 02)719-6116 | 팩스. 02)719-6120
홈페이지. www.shdbooks.co.kr | E-mail. shd6116@chol.com

ISBN 979-11-87621-08-9 가격 18,000원

이 도서의 국립중앙도서관 출판예정도서목록(CIP)은 서지정보유통지원시스템 홈페이지(http://seoji.nl.go.kr)와 국가자료공동목록시스템(http://www.nl.go.kr/kolis-net)에서 이용하실 수 있습니다. (CIP제어번호 : CIP2017016722)